복 있는 사람

오직 여호와의 율법을 즐거워하여 그 율법을 주야로 묵상하는 자로다.
저는 시냇가에 심은 나무가 시절을 좇아 과실을 맺으며 그 잎사귀가 마르지 아니함 같으니
그 행사가 다 형통하리로다. (시편 1:2-3)

오늘의 한국과 세계는, 그리스도의 교회가 복음을 온전히 선포하며 하나님 나라의 샬롬을 이루어 가기를 절실히 요청하고 있다. 그러나 오늘의 한국 교회는 여러 면에서 심각히 타락해 가고 있음을 부인할 수 없다. 교회의 본래 사명을 제대로 감당하지 못할뿐더러, 오히려 시대정신과 타협한 왜곡된 복음을 선포하고 있다. 이런 상황에서, 김회권 목사가 목회자적 사명감에 영적·신학적 통찰력, 예언자적 비판정신을 겸하여 이 책을 출간하게 된 것을 진심으로 기뻐한다. 기독청년들을 비롯해 진지한 많은 성도들이 이 책을 통해 깨우침과 도전을 받아 하나님 나라 운동의 열렬한 일꾼들이 되기를 바란다.

김세윤 미국 풀러신학교 신약학 교수

저자는 청년들의 목자로서 신음하며 던지던 질문들을 생생한 영적 경험과 학자적 양심, 울부짖는 기도와 말씀을 통해 그 답을 찾아내어 이 땅의 가난한 청년들에게 전하고 있다. 김회권 목사의 『청년 설교』는 싸구려 은혜가 범람하는 강단의 현실 속에서 잠든 영혼을 깨우는 희귀한 하나님의 말씀이자, 영적 기갈에 시들어 가는 한국 교회를 위한 하나님의 생수다.

이승장 아름마을교회 담임목사, 학원복음화협의회 고문

교회 속의 청년들은 사유되지 않은 추상과 공감되지 않는 억지, 욕망의 사주를 받은 선동과 조작의 언어에 자주 시달린다. 하지만 바울은 복음 선포를 '설득'이라 부른다. 그런 점에서 김회권 목사의 『청년 설교』는 제대로 된 복음 선포가 어떤 것인지를 선명하게 보여 준다. 이 책의 여러 설교들이 보여주듯, 저자의 선포는 결코 단순하지 않다. 숙련된 성서학자의 눈길은 성서 텍스트들이 서로 다른 상황에 부딪히며 만드는 다채로운 메시지를 예리하게 분석해 낸다. 오늘의 현실을 그려 내는 저자의 필치는 저자 특유의 광범위한 독서와 치밀한 사유와 합쳐지며 더욱 날카로워진다. 우리 시대의 현실이 부정되지도, 가벼이 미화되지도 않은 채, 그 자체로 적나라하게 포착되고 묘사된다. 바로 이 상황에 복음이 말을 건다. 물론 복음과 상황의 이 만남을 주선하는 것은 설교자 자신의 삶이다. 저자 자신의 삶에서 울려나는 육성 고백이기에, 이 설교들은 '꼰대'의 설교가 아닌 영적 선배의 호소로 우리 '청년'들에게 말을 건다. 이 책의 설교들은 성경에 대한 보다 뜨거운 열정을 불러일으키고, 현실에 대해 더 깊은 사랑과 책임을 일깨우며, 복음에 뿌린 소망을 더욱 뚜렷이 바라보게 한다. 하나님 앞에서 언제나 '청년'이어야 할 모든 이에게 큰 유익이 되리라 생각한다.

권연경 숭실대학교 기독교학과 교수

불온하지 않은 젊은이, 기존 질서에 순치된 젊은이들을 볼 때마다 가슴이 아프다. 자녀들이 예언하고 노인들이 꿈을 꾸고 젊은이들이 환상을 보는 세상을 꿈꾸었던 요엘의 뜨거운 심장이 이 시대에 다시 고동칠 수 있을까? 복음은 상처 입은 이들을 위로하기도 하지만, 굳어진 마음을 타격하여 균열을 만들기도 한다. 무릇 예수를 믿고 따른다는 것은 당연의 질서에 도전하며 다른 세상을 시작하는 일이다. 김회권 목사의 설교는 청년들을 그 지점으로 소환한다. 거침없고 가차 없다. 살아 있는 말씀은 우리 영혼을 뒤흔들어 어지럼증과 전율을 일으킨다. 정직하게 그 전율을 받아들일 때, 새로운 역사가 시작된다.
김기석 청파교회 담임목사

저자는 우리 시대에 가장 신뢰받는 신학자이자 목회자다. 신학자로서는 과거의 역사를 오늘 살아나게 하며, 목회자로서는 이 시대를 사는 사람들을 위로하고 격려하며 도전한다. 그의 위로는 하나님 나라에 대한 견고한 희망에서 오고, 그의 도전은 하나님 나라를 향한 뜨거운 열정에서 온다. 이 책에 담긴 설교는 주로 청년들을 대상으로 했다는 점에서 '청년 설교'라고 이름 붙여졌지만, 이 설교가 불러일으키는 젊은 정신 때문에도 그렇게 이름 지어질 만하다. 그런 의미에서 김회권 목사의 『청년 설교』는 바로 '오늘을 위한 예언서'다.
김영봉 와싱톤사귐의교회 담임목사

하나님 말씀의 선포는 하늘이 열리는 사건이어야 한다. 또한 땅에 갇혀 있던 우리의 시각을 하늘로 향하게 하고, 맥없는 발걸음을 경쾌하게 만드는 능력이어야 한다. 청중과의 교감을 핑계로 본질을 양보하고, 시대의 얄팍함을 따라 말씀의 무게를 저버린 달콤한 디저트 같은 설교가 대세인 지금, 진리의 역동을 거칠게 전하는 설교를 마주하게 되어 참으로 반갑다. 말로 전한 설교를 글로 옮기면 그 활력이 사라지는 게 보통인데, 김회권 목사의 설교는 예외인 것 같다. 책을 읽으면서 저자의 음성을 듣는다. 청중을 각성시키고, 설교자들을 회개하게 한다. 편안한 자들을 곤고하게 하고 곤고한 자들을 편안하게 하는 그의 설교가 아프면서 또한 기쁘다.
박영호 포항제일교회 담임목사

김회권 목사

청년 설교 1

김회권 목사

엘리야·에스겔·세례 요한·예수·바울의 하나님 나라

청년 설교 1

복 있는 사람

김회권 목사 청년 설교 1

2005년 11월 17일 초판 1쇄 발행
2008년 10월 21일 초판 6쇄 발행
2009년 8월 5일 2판 1쇄 발행
2017년 12월 15일 2판 7쇄 발행
2019년 5월 16일 3판 1쇄 인쇄
2019년 5월 23일 3판 1쇄 발행

지은이 김회권
펴낸이 박종현

도서출판 복 있는 사람
주소 서울특별시 마포구 연남동 246-21(성미산로23길 26-6)
전화 02-723-7183, 7734(영업·마케팅) 팩스 02-723-7184
이메일 hismessage@naver.com
등록 1998년 1월 19일 제1-2280호

ISBN 978-89-6360-292-9 04230
ISBN 978-89-6360-291-2 04230(세트)

이 도서의 국립중앙도서관 출판예정도서목록(CIP)은
서지정보유통지원시스템 홈페이지(http://seoji.nl.go.kr)와 국가자료공동목록시스템
(http://www.nl.go.kr/kolisnet)에서 이용하실 수 있습니다. (CIP 제어번호: 2019015127)

차례

추천의 글

홍수에 마실 물이 더 귀하다고 합니다. 『청년 설교 1』은 싸구려 은혜가 범람하는 강단 현실 속에서 잠든 영혼을 깨우는 희귀한 하나님의 말씀이자, 영적 기갈에 시들어 가는 이 땅의 청년들에게 주시는 하나님의 생수라고 확신합니다.

그는 신학을 하기 전에 먼저 80년대를 겪으며 절망하던 소수의 대학인들에게 성경 말씀과 삶 전체로 소망의 씨를 심는 목자로 살았고, 여러 해 동안 고단하지만 감격스런 기독대학인회(ESF) 간사로 청년 지성인들을 섬겼습니다. 그런 그가 유학을 떠날 때, 사실 좀 걱정이 되었습니다. 워낙 학문을 좋아하고 남다른 은사가 있기에, 신학에 너무 빠져 목자의 심정을 잃고 '서기관'같이 되면 어떡하나 하는 우려였습니다. 지나치게 학문에 몰두하느라 기도가 부족해서 살아 계신 하나님과의 친밀한 관계가 소홀해진 나머지, 정작 사람을 살리고 치유하려는 사랑과 열정이 메말라 버린 신학자를 여기저기서 적지 않게 보아 왔기 때문입니다. 하지만 독자 여러분은 안심해도 됩니다. 그는 탁월한 신학자가 되었지만, 처음 부르심 받을 때의 마음—학생들을 붙잡고 함께 울부짖으며 시대의 아픔으로 찢어진 그들의 가난한 가슴 속에 하나님 나라의 소망을 심던 상한 목자의 심정—을 결코 버리지 않은 것이 분명하기 때문입니다. 여러분은 이 책에 실린 메시지를 통해 확인할 수 있을 것입니다.

또 하나의 우려는, 그의 미국 유학 기간이 길어지면서 자신도 모르는 사이 미국 병에 걸리지 않을까 하는 것이었습니다. 우리 사회와 한국 기독교는 지나치게 미국의 영향을 받고 있는 것 같습니다. 우리 사회에 만연한 천민자본주의 갈등 구조를 눈여겨 보십시오. 도를 넘어서는 한국 교회의 물량주의·선정주의·상업적 성공주의·교파주의·개교회 이기주의·사회적 무책임성은 어디서 온 것일까요? 대부분의 경우, 종교사회학적 논구(論究) 없이 무분별하게 미국 교회를 흉내내면서 생긴 병폐들이라고 말한다면 지나친 편견일까요? "성경적 복음 + 알파"의 기독교에서 "알파"를 제거하는 것이 종교개혁이라면, 오늘날 한국 교회는 성경적 복음만을 붙잡기 위해 미국적 세속주의를 우리 마음과 교회에서 제거하는 개혁이 절실하게 필요한 때입니다. 한국 교회가 복음에 충실하다면, 사회 전반 특히 청년 지성인 사회에서 안티기독교의 흐름이 왜 이토록 거세겠습니까? 다행히 오랜 미국생활에도 불구하고 그에게서는 미국 냄새가 나지 않습니다. 하나님 냄새가 납니다. 성경의 예언자와 당대 한국인의 냄새가 짙게 풍깁니다.

우리는 김회권 목사를 통해 들려오는 하나님의 메시지에 긴장감을 가지고 귀를 기울이게 될 것입니다. 더욱 깊어진 성경 연구와 집중된 묵상에서 흘러나오는 말씀의 능력을 경험하게 될 것입니다. 독자 여러분은 저자가 우리 시대의 중심 과제를 가지고 말씀과 기도로 씨름하면서 받은 하나님의 말씀에 적잖은 충격을 받게 되리라 믿습니다. 지금까지 독자가 읽어 온 기독교 서적들과는 격을 달리하는 글로 이 땅의 하나님 백성을 찾아가는 김회권 목사의 첫 책을, 조금도 주저 없이 기쁨으로 추천하는 바입니다.

이승장 목사(아름마을교회)

저자 서문

금번에 저의 설교 일곱 편을 묶어 책으로 발간하게 된 것이 기쁘면서도 한편으로는 두렵습니다. 이 땅에 흘러넘치는 설교집에 또 하나를 더한다는 것이 여간 부담스러운 일이 아니지만, 두 가지 이유 때문에 청년 설교집을 내기로 했습니다.

첫째, 비교적 오랫동안 청년 복음 사역에 투신했던 제 경력 때문에 청년집회의 설교 초청을 자주 받게 되지만 여러 가지 이유로 대부분의 초청에 응하지 못하고 있습니다. 그때마다, 초청해 주시는 분들의 요구에 부응하지 못해 죄송한 마음이 많았습니다. 그동안 청년들에게 설교한 원고들을 책으로 출간하여 청년들에게 읽힐 수 있다면 이러한 마음을 얼마간 누그러뜨릴 수 있으리라는 생각에 책을 출간하게 된 것입니다. 두번째로, 이 설교들에는 제가 약 11년 반 동안(1983-1994년) 조그마한 대학생 선교단체에서 청년 사역자로 투신한 경험이 반영되어 있습니다. 이 경험을 원고로 정리해 둠으로써, 이 분야에서 일하는 동역자와 후배 사역자들에게 약간의 참고자료를 제공하자는 뜻이 있었습니다. 그래서 이 책에는 청년의 눈으로 성경을 읽고 해석해 보려는 시도가 두드러집니다.

　여기 실린 일곱 편의 설교는, 본래 한 권의 단행본으로 기획된 원고들이 아닙니다. 모두가 한때 구두로 선포된 원고들이었습니다. 그럼에도 불구하고 "하나님 나라와 청년복음화 운동"이라는 주제 아래 함께 묶일 수 있는 설교들입니다. 그동안 선포한 청년 설교들 중에 이 책에 실린 일곱 편을 선택한 이유는, 이 설교들이 최근에 선포된 것들이면서 또한 회중의 반향(反響)이 비교적 컸던 설교들이기 때문입니다. 여기 실린 설교들 대부분은, 일산두레교회에서 처음 선포되었다가 나중에 다른 집회에서 수정되고 다시 문어체로 정돈된 설교들입니다. 그 과정에서, 묵상하며 읽어야만 진미를 알 수 있는 호흡이 긴 강해설교체로 바뀌게 되었습니다. 그러므로 이 설교들은 나름대로 작은 역사들을 가지고 있습니다.

1장 '엘리야의 부흥운동과 예언자적 영성'은 일산두레교회에서 2003년 6-7월 3주간에 걸쳐 주일예배에서 선포된 설교들을 통합한 원고입니다. 이 원고는 2003년 가을 대학촌교회 말씀사경회 설교 원고로 다시 활용되었고, 그 후 『목회와 신학』 2003년 11월호 특집글에 게재될 때 현재의 모습과 거의 비슷한 통합 설교원고가 되었습니다. 이 설교는 예언자적인 현실 인식이 얼마나 중요한가를 강조합니다. 주전 9세기 북이스라엘의 예언자 엘리야가, 고립무원한 형편에서 바알-아세라 종교와 그것을 거점으로 삼고 있던 지주들의 거대한 구조악과 혈혈단신으로 싸운 신앙 무용담을 파노라마처럼 펼쳐 보입니다. 그러나 엘리야의 무용담에서 끝나지 않고 제자 양성을 통하여 계승되고 확장되는 하나님 나라 운동의 끈질긴 생명력을 부각시킵니다. 엘리야의 예언자적 현실 분석은, 세상의 거대한 구조악에 매몰되거나 그것에 의해 위축된 젊은 기독인들을 용감무쌍한 청년으로 변화시키는 원동력을 제공합니다.

에스겔서에 대한 세 편의 연속설교(2, 3, 4장)는 2004년 6월 27-29일 3일 동안 열린 남서울교회의 청년부흥사경회에서 '에스겔의 비극과 신앙'이라는 주제로 행한 강해설교입니다. 이 설교들은 비극적 현실을 돌파하고 하나님 나라를 절대 기준점으로 삼아 부활하는 에스겔의 영적 소생담을 보여줍니다.

2장 '에스겔의 비극과 신앙, 하늘이 열리는 경험'은 25세의 나이에 바벨론 포로로 잡혀 간 에스겔이 어떻게 인생을 자포자기하지 않고 하나님 나라의 예언자로 재기할 수 있었는지를 추적합니다. 에스겔은 하나님의 보좌에서 현실과 역사를 재해석함으로써, 자신의 비극적 인생을 소망 가운데 다시 추스를 수 있었습니다. 유다 왕위는 비어 있어도 하나님은 세계를 종횡무진하는 불전차 보좌 위에 앉아 세계를 통치하십니다. 이것을 본 후 에스겔은 절망을 이기는 예언자가 됩니다.

3장 '마른 뼈들이 부활하는 자리'는 에스겔 개인의 영적 소생을 넘어 이스라엘 민족의 영적 소생을 다룹니다. 에스겔은 개인적으로 영적 갱생을 맛보고 하나님 나라에 투신하였을 뿐 아니라 망해 버린 자신의 조국에도 미래가 있음을 확신하게 됩니다. 바벨론의 포로 경험은 이스라엘의 민족적 부활을 잉태하는 옛 이스라엘의 죽음인 것을 알게 됩니다. 하나님 안에서 죽는 것과 망하는 것은 부활의 징조가 될 수 있습니다.

4장 '하나님 보좌에서 흘러내리는 생명의 강'은 회복된 이스라엘 공동체가 세계 만민에게 가져다줄 축복된 미래를 보여줍니다. 현재는 비록 타락하여 우상의 소굴로 전락했지만, 미래에 회복될 하나님의 성전 문지방에서는 죽음의 바다를 살리는 생명의 강이 흘러나올 것입니다. 그 생명 강물을 먹고 자란 유실수와 나무들은 만국과 만민을 살리고 치료하는 약재가 될 것입니다. 이 설교는 교회의 미래에 대한 낙관을 각인시켜 줍니다. 현실 교회는 비록 더럽고 타락한 것처럼 보이지만, 하나님 자신에 의해 교회는 다시 정결케 되며 마침내 하나님의 세계 통치의 보좌가 될 것입니다.

5장 '복음과 세례 요한·바울의 영적 각성'은 2004년 4월 예수마을교회 말씀사경회에서 새롭게 선포된 말씀입니다. 이 설교는 두 인물, 곧 세례 요한과 사도 바울의 영적 각성과 복음 사역을 다룹니다. 여기서 세례 요한은 말씀 안에서 자신의 소명을 발견하고 정진하는 젊은이의 표상으로 조명됩니다. 안나스와 가야바, 헤롯 가문의 왕들, 빌라도 총독, 그리고 가장 위로는 로마제국의 황제가 지배하는 것처럼 보이는 현실에서, 안식처를 찾지 못한 청년 요한이 하나님의 말씀에 격동되어 빈들로 나아갑니다. 마침내 그는 이사야 40:3과 말라기 3:1에서 메시아의 선구자로서 자신의 소명을 발견하고, 죄사함과 회개의 세례를 전파하는 예언자로 발돋움합니다. 이 설교는 기독청년들이 하나님의 말씀으로 자신의 소명을 발견하도록 도와줄 것입니다.

두번째 인물 바울은, 아시아의 최대 도시요 헬레니즘 문명과 철학의 중심지인 에베소에서 강력한 하나님 나라 운동을 펼칩니다. 다메섹 도상에서 부활하신 그리스도의 영광의 빛 아래 쓰러진 이래, 바울은 하나님 보좌의 우편에 앉아 그리스도와 주가 되신 주 예수의 복음을 증거하는 자가 됩니다. 바울의 에베소 복음 사역은, 헬레니즘 문명의 가장 대표적인 자랑거리도 복음의 능력 앞에서 얼마나 무력하게 무너지는지를 잘 보여줍니다. 바울이 주 예수의 복음을 증거하고 구현할 때마다 마귀와 악령과 마술의 영적 세력들이 주 예수의 무릎 앞에 굴복합니다. 복음으로부터 엄청난 문화 변혁력이 창출됩니다.

6장 '기독청년이여, 기본으로 돌아가자'는 학원복음화협의회 월보 2005년 7월호에 기고한 원고입니다. 이 설교는 어떻게 일단의 젊은이들이 젊은 날 예수님을 만나 인생을 반석 위에 건축하게 되었는지를 조명합니다. 도덕적 파산으로 자신의 인생 열매를 하루아침에 망가뜨리는 엘리트들의 몰락 이야기가 신문지상을 요란하게 장식하는 이때에, 20-30대 젊은 시절을 예수님의 제자학교에서 훈련받으며 보내는 삶이 얼마나 복된지를 보여줍니다. 자신들의 좁은 세계에 갇혀 하나님 나라의 무한광대한 비전을 상실하고 살던 소시민적인 젊은이들을 말씀의 깊은 바다 속으로 초청하시는 예수님을 보여줍니다.

7장 '변화와 희망의 하나님 나라 운동'은 『복음과 상황』 창간호 (1991년 1월) 특집논문에 실린 원고를 2005년판으로 수정 증보한 원고입니다. 이 설교는 예수가 어떤 점에서 "몸소 하나님 나라", 곧 걸어 다니는 하나님 나라인지를 보여줍니다. 예수 그리스도는 낡고 악한 구체제의 보수자가 아니라, 하나님 나라의 질서에 근사치적으로 접근하도록 세상을 변혁하는 새 포도주입니다. 이 설교의 초점은 낡은 가죽 부대를 터뜨리는 새 포도주인 예수님의 복음을 역동적으로 보여주는 데 있습니다.

결국 이 일곱 편의 설교는 삶과 죽음, 희망과 절망의 경계선상에 내몰린 청년들을 포획하는 하나님 말씀의 위력을 크게 부각시킵니다.

제가 직간접적으로 지성인 복음운동에 참여한 지 올해로 26년이 됩니다. 저는 1979년에 한 작은 선교단체에서 부르심과 구원을 동시에 경험했습니다. 이후 순수하고 유능한 말씀 선생님들을 만나 성경공부 훈련을 받았습니다. 이십대의 많은 시간을 신림 2동의 7평짜리 셋방에서 소수의 형제자매들과 함께 말씀공부와 기도생활, 새벽기도, 성경통독 훈련 등에 바쳤습니다. 1983년 대학 졸업 후 시작된 청년 전도자의 삶은, 불확실성과 기대가 뒤섞인 삶이었습니다. 여러 상황 앞에서 몇 차례의 영적 위기와 인간적 한계 앞에 흔들리기도 했습니다. 그러나 하나님의 눈부신 은총의 햇살 아래 저의 어두움과 연약함은 감춰져 버렸습니다. 그 가난한 시절에 만난 풍성한 하나님, 그 약한 시절에 만난 강한 하나님은 어제나 오늘이나 제 가슴을 뜨겁게 합니다.

이번에 출간하는 청년 설교집은 제게 일어난 복음 사건을 설교 형식으로 증거하고 있습니다. 모쪼록 이 책이 여러분에게 위로와 격려가 되기를 바랍니다.

이 책을 만들기 위해 애쓴 복 있는 사람 출판사의 박종현·박명준 형제님, 그리고 편집진에게 진심어린 고마움을 전하고 싶습니다.

또한 귀한 추천의 글을 보내 주신 여러 분들께 진심으로 감사를 드립니다. 이 책의 초고를 꼼꼼히 읽고 귀한 논평을 해주신 장경철 목사님께도 감사드립니다. 언제나 제 글을 자세히 읽고 예리하게 논평해 주는 아내 정선희 자매님과 어지러운 컴퓨터 책상을 참아 준 하은, 소은에게도 감사의 말을 전합니다.

2005년 11월

김회권

1

엘리야의 부흥운동과 예언자적 영성

열왕기상 17-19장

열왕기상 17장-19장

……아합이 엘리야가 행한 모든 일과 그가 어떻게 모든 선지자를 칼로 죽였는지를 이세벨에게 말하니 이세벨이 사신을 엘리야에게 보내어 이르되 내가 내일 이맘때에는 반드시 네 생명을 저 사람들 중 한 사람의 생명과 같게 하리라. 그렇게 하지 아니하면 신들이 내게 벌 위에 벌을 내림이 마땅하니라 한지라. 그가 이 형편을 보고 일어나 자기의 생명을 위해 도망하여 유다에 속한 브엘세바에 이르러 자기의 사환을 그 곳에 머물게 하고 자기 자신은 광야로 들어가 하룻길쯤 가서 한 로뎀 나무 아래에 앉아서 자기가 죽기를 원하여 이르되 여호와여, 넉넉하오니 지금 내 생명을 거두시옵소서. 나는 내 조상들보다 낫지 못하니이다 하고 로뎀 나무 아래에 누워 자더니 천사가 그를 어루만지며 그에게 이르되 일어나서 먹으라 하는지라. 본즉 머리맡에 숯불에 구운 떡과 한 병 물이 있더라. 이에 먹고 마시고 다시 누웠더니 여호와의 천사가 또 다시 와서 어루만지며 이르되 일어나 먹으라. 네가 갈 길을 다 가지 못할까 하노라 하는지라. 이에 일어나 먹고 마시고 그 음식물의 힘을 의지하여 사십 주 사십 야를 가서 하나님의 산 호렙에 이르니라. 엘리야가 그 곳 굴에 들어가 거기서 머물더니 여호와의 말씀이 그에게 임하여 이르시되 엘리야야, 네가 어찌하여 여기 있느냐. 그가 대답하되 내가 만군의 하나님 여호와께 열심이 유별하오니 이는 이스라엘 자손이 주의 언약을 버리고 주의 제단을 헐며 칼로 주의 선지자들을 죽였음이오며 오직 나만 남았거늘 그들이 내 생명을 찾아 빼앗으려 하나이다. 여호와께서 이르시되 너는 나가서 여호와 앞에서 산에 서라 하시더니 여호와께서 지나가시는데 여호와 앞에 크고 강한 바람이 산을 가르고 바위를 부수나 바람 가운데에 여호와께서 계시지 아니하며 바람 후에 지진이 있으나 지진 가운데에도 여호와께서 계시지 아니하며 또 지진 후에 불이 있으나 불 가운데에도 여호와께서 계시지 아니하더니 불 후에 세미한 소리가 있는지라. 엘리야가 듣고 겉옷으로 얼굴을 가리고 나가 굴 어귀에 서매 소리가 그에게 임하여 이르시되 엘리야야, 네가 어찌하여 여기 있느냐. 그가 대답하되 내가 만군의 하나님 여호와께 열심이 유별하오니 이는 이스라엘 자손이 주의 언약을 버리고 주의 제단을 헐며 칼로 주의 선지자들을 죽였음이오며 오직 나만 남았거늘 그들이 내 생명을 찾아 빼앗으려 하나이다. 여호와께서 그에게 이르시되 너는 네 길을 돌이켜 광야를 통하여 다메섹에 가서 이르거든 하사엘에게 기름을 부어 아람의 왕이 되게 하고 너는 또 님시의 아들 예후에게 기름을 부어 이스라엘의 왕이 되게 하고 또 아벨므홀라 사밧의 아들 엘리사에게 기름을 부어 너를 대신하여 선지자가 되게 하라. 하사엘의 칼을 피하는 자를 예후가 죽일 것이요 예후의 칼을 피하는 자를 엘리사가 죽이리라. 그러나 내가 이스라엘 가운데에 칠천 명을 남기리니 다 바알에게 무릎을 꿇지 아니하고 다 바알에게 입맞추지 아니한 자니라.……

성경적 의미의 "부흥"은 단지 심령의 부흥만을 말하는 것이 아니라 총체적 문화 변혁을 의미합니다. 그것은 하나님 백성들의 심령 갱신을 넘어 그들을 둘러싸고 있는 정치·경제·문화·종교 체제 전반에 걸친 창조적 해체 작업을 뜻합니다. 교회사의 첫 장인 사도행전의 역사부터 시작해서, 지난 2천 년 교회사는 "부흥"의 역사로 점철되어 왔습니다. 로마제국 내에 침투한 기독교회의 사회 변혁 역사는 약 1천 년간 계속되어 온 그리스-로마 문화의 창조적 해체 과정이었습니다. 4세기 영국과 아일랜드의 기독교 역사는, 그 나라의 토착 종교와 문화가 복음에 의해 거룩하게 변형되는 역사였습니다. 복음이 특정한 토착 문화를 변형시키는 과정에는 개개인의 회심뿐 아니라 문화 체제 전반의 변혁이 수반되었습니다. 이러한 복음의 변혁 역사는, 하나님을 향해 죽었던 이방인의 양심이 다시 하나님을 향해 살아나는 부흥의 역사였던 것입니다. 15세기 이탈리아 피렌체의 사보나롤라의 도시문화 개혁, 16세기 루터와 칼빈의 종교개혁, 18-19세기 유럽과 미국의 부흥운동(조나단 에드워즈, 윗필드, 웨슬리의 경건운동)도 인간의 품성 변화와 사회적인 변혁을 동시에 성취했습니다. 15세기 이후 벌어진 부흥의 역사는 한때 하나님을 향해 불붙었던 신앙을 되찾는 부흥이었으나, 본질적으로 인격과 품성의 변화와 문화 변혁을 동시에 성취한 부흥이었습니다. 이처럼 2천 년 긴 교회사에 일어난 부흥운동은 언제나 인격과 사회 체제를 동시에 변형시키는 총체적인 변혁이었습니다.

한국 교회의 초대 교회사도 부흥의 역사였습니다. 국권을 상실하고 백성들의 마음이 산지사방으로 흩어지고 민족 정기가 파산당한 때, 성령의 강권적인 역사가 우리 겨레를 구원해 주었습니다. 조선조의 봉건적 사상에 얽매여 있던 백성들에게 기독교 복음이 들어가자 인격과 품성의 변화가 일어났으며 문화가 변혁되기 시작했습니다. 특히 1907년 전후에 일어난 평양 일대의 오순절적 성령 역사는 심령 부흥을 넘어 총체적인 사회 변혁을 가져왔습니다. 갖가지 사회적 차별이 사라지고, 불의하고 악한 사회 풍습들이 자취를 감추기 시작했습니다. 한 외국 선교사(William N. Blair, 한국명 방위량)의 논평대로, 조선은 일제와 서구 열강에게 금광을 빼앗겼으나 "복음의 금광"을 발견한 것입니다.* 이광수를 비롯한 한국의 근대 지식인들이 모두 인정하듯이, 기독교 신앙은 조선의 봉건적 질서에 대한 총체적인 변혁을 주도했습니다. 그것은 교회 안 교인들의 신앙 쇄신만을 의미하거나 느슨해진 기독교 신앙의 재무장만을 의미한 것이 아니라, 사회 및 문화 전반의 재주형(再鑄型)을 의미했습니다.

그동안 한국 교회의 부흥사들이 주도하는 심령 부흥운동은 교인

• William N. Blair, *Gold in Korea*(Topeka, Ka.: H.M. Lives & Sons, 1946)

내면의 심리적 변화에 주력한 반면에, 교회의 울타리를 넘어가는 총체적인 변혁 에너지를 방출하는 데는 실패했습니다. 이런 의미에서 엘리야의 부흥운동은 한국 교회가 지향해야 할 부흥운동의 바람직한 유형을 제시하고 있습니다. 엘리야의 부흥운동은 신앙에 의해 주도되는 심령 갱신운동이자 바알 문화 및 그것을 떠받들던 바알 종교에 대한 변혁운동이기 때문입니다. 엘리야는 주전 9세기 북이스라엘 왕국의 가장 보수적인 야웨주의자들의 본거지인 길르앗 지역(갓 지파와 므낫세 지파의 변경)에서 일어난 예언자로, 가나안의 바알 신앙에 기울어져 버린 나라를 구하는 데 전심전력한 예언자입니다. 이 엘리야의 총체적인 부흥운동이 열왕기상 17-19장에 증거되어 있습니다.

불과 비의 예언자

주전 9세기 중엽, 엘리야 시대의 이스라엘은 괴롭고 암울한 사회였습니다. 당시 북이스라엘 왕국은, 아합 왕과 그의 시돈 출신 아내 이세벨이 주도하는 혼합주의적이고 국제주의적인 바알-아세라 종교가 지배하고 있었습니다. 이세벨이 주도한 바알 종교의 침투로 야웨 선지자들은 대다수 살해되거나 동굴 속으로 숨어들었습니다. 이런 역사적·영적 상황 가운데 엘리야가 등장합니다. 열왕기상 17:1은 엘리야를 "길르앗의 우거하는……디셉 사람"이라고 소개합니다. 길르앗의 디셉은 요단 강 동편에 있는 촌락입니다. 요단 강 동편 사람들은 가나안 바알 종교에 훨씬 더 우호적이던 본토 가나안의 농민문화에 덜 노출되어 있었기 때문에 요단 강 서편 사람들보다 보수적인 신앙을 견지하고 있었습니다. 그들은 왕이 다스리는 나라가 되기 전 열두 지파가 평화롭게 살던 부족 연맹체 시절(당시를 기준으로 볼 때 150-200년 전)을 이상사회라고 생각했습니다. 따라서 엘리야가 꿈꾸는 이상사회는 열두 지파가 고루 땅을 나누어 갖고 평화롭게 살던 계약 공동체적인 사회였습니다.

그러나 아합 왕의 아내였던 시돈 사람 이세벨은 바알 종교혁명을 일으켜 사마리아에 큰 바알 신전을 건축했고 850명의 왕실 예언자들을 수하에 거느리고 있었습니다. 그녀는 경자유전의 원칙으로 지탱되던 자작자영 체제를 무너뜨리고 막대한 토지를 겸병하는 대지주제를 도입함으로써 이스라엘 사회를 계급적·계층적 양극화 사회로 변질시켰습니다(미 6:16 참조). 이스라엘 사회에 처음으로 "가난한 사람들"이 집단적으로 출현하게 된 것입니다. 이에 반해, 북이스라엘을 국제화시키고 가나안의 바알 농경문화와 페니키아 지방의 국제 경제권의 일부로 편입시킨 오므리의 아들 아합 왕은 우유부단한 사람이었습니다. 그는 야웨 하나님을 섬기면서 동시에 바알 신도 섬기고 싶었던 사람이었습니다. 아합 왕은 야웨 하나님과 바알 신 사이에 동요하면서도, 전체적으로는 바알 숭배 쪽으로 기울어져 있었습니다. 이런 상황에서 엘리야는 아합에게 나아가서 가뭄을 예언했습니다.

나의 섬기는 이스라엘 하나님 여호와의 사심을 가리켜 맹세하노니 내 말이 없으면 수년 동안 우로가 있지 아니하리라(왕상 17:1).

아합 왕실을 향한 하나님의 진노를 대변한 것입니다. 예언자는 하나님의 마음을 대변하는 자입니다. 예언이란 단지 노스트라다무스식의 미래 예측 발언이 아니라 당대 지배층의 죄악을 하나님의 공평과 정의의 관점에서 비판하는 정치적인 발언이었습니다. 고대 이스라엘 사회에서 "예언 선포"는 왕과 유력자와 귀족들에게 가서 "지금 하나님이 당신에게 진노하고 계십니다"라고 말하는 행위였습니다. 이런 예언은 신적 압박에 의해 추동(推動)되는 행동이었습니다. 왕에게 대놓고 간언을 하는 것은 오로지 하나님의 격동하심에 의해 가능한 일이었습니다. 누가 감히 왕이나 거대한 기업체 사장을 향해 "3년 안에 국가(회사) 부도가 나서, 당신 나라(기업)는 엉망진창이 될 것입니다"라고 말할 수 있겠습니까? 이처럼 "땅"의 왕권을 휘두르는 인간 제왕들에게 혈혈단신으로 예언자가 "하늘에 계신" 하나님의 말씀을 "대언"하는 일은 언제나 위태로운 일이었습니다. 그러나 야웨 하나님의 말씀이 임하는 순간, 평범한 인생은 벅차고 거룩한 폭풍에 휘말려 가는 예언자가 됩니다. 바로 이런 이유 때문에 예언자들은 산 자의 땅에서 추방되는 경험을 하고, 심지어 기아선상으로 내몰리기까지 했습니다.

엘리야도 가뭄 도래의 예언을 전하고 기아선상으로 내몰리는 신세로 전락합니다. 당시의 바알-아세라 예언자들은 이세벨의 식탁에서 매일 진수성찬을 대접받았지만(왕상 18:19), 야웨의 선지자 엘리야는 어떤 음식도 공급받지 못했습니다. 왕실에 재난 예언을 퍼부은 예언자의 운명은 가혹한 것이었습니다. 이세벨과 아합이 통치하는 이스라엘 땅에서는 엘리야가 생명을 부지하기 힘들게 된 것입니다. 그래서 그는 야웨의 명령에 따라 동쪽 국경의 끝자락 요단 강의 지류인 그릿 시냇가에 숨었습니다.

여호와의 말씀이 엘리야에게 임하여 가라사대 너는 여기서 떠나 동으로 가서 요단 앞 그릿 시냇가에 숨고 그 시냇물을 마시라. 내가 까마귀를 명하여 거기서 너를 먹이게 하리라(왕상 17:2-4).

거기서 엘리야는 까마귀 떼가 물어다 주는 양식으로 간신히 살아 갔습니다(5-6절). 그러나 가뭄이 시작되자 그릿 시내마저 말라 버렸습니다(7절). 이제 그는 다시 하나님의 명령에 따라 북쪽 국경 너머 시돈의 사르밧으로 망명을 떠납니다(8-9절). 북쪽 국경 너머의 이방 도시인 시돈의 사르밧에서 그는, 최후 만찬을 먹고 죽으려는 한 곤궁한 과부를 만납니다(10-12절). 참 역설적이게도, 시돈 출신 왕비 이세벨에게 쫓겨 시돈으로 망명을 떠난 엘리야가 시돈의 사르밧 과부의 공궤를 받으며 연명하는 신세가 됩니다. 과연 가난한 사르밧 과부의 집은 엘리야에게 영육간의 피난처가 되었습니다. 그 과부의 집안에 머물면서 엘리야는 점차적으로 하나님의 초자연적인 권능을 깊이 경험하기 시작했습니다. 자신을 공궤하는 과부의 곡식 가루와 기름통이 다함없이 계속 채워지는 하나님의 돌보심의 섭리를 맛본 것입니다(13-16절). 죽음의 한복판에서 생명을 맛본 것입니다. 하나님이 자신과 함께하심을 깨닫게 된 것입니다.

그러나 엘리야는 생명의 한복판에서 예기치 않던 죽음의 세력과 대결하게 됩니다. 자신이 기거하던 사르밧 과부의 아들이 갑자기 죽게 된 것입니다(17절). 과부는 엘리야가 자신의 집에 죽음의 재앙을 몰고 온 자라고 비난하기 시작했습니다. 마치 이스라엘의 아합 왕과 이세벨이 엘리야를 재앙(가뭄, 기근, 죽음의 권세)을 몰고 온 사람, "이스라엘을 괴롭게 하는 자"(왕상 18:17)라고 오해하고 비난했듯이, 그 사르밧 과부도 엘리야를 죽음을 몰고 온 사내, 자신의 숨은 죄를 찾아내어 하나님의 심판을 집행하는 저승사자라고 오해하고 비난한 것입니다. 그런데 이 비난이 엘리야의 영적 투지를 불태우게 만들었습니다. 하나님에 대한 믿음의 순도를 현저하게 드높인 것입니다. 엘리야는 과부의 비난을 묵묵히 감수하며 싸늘하게 식어 버린 과부의 아들을 끌어안고 자신의 다락방으로 올라갑니다. 그 소년의 시신을 자신의 다락방에 뉘어 놓았습니다. 놀랍게도 엘리야는 그 위에 자신의 몸을 세 번이나 포개어 접촉하면서 크게 부르짖어 기도합니다.

> 나의 하나님 여호와여, 주께서 또 내가 우거하는 집 과부에게 재앙을 내리사 그 아들로 죽게 하셨나이까(왕상 17:20).

엘리야는 아이의 혼이 다시 되돌아올 때까지 이렇게 부르짖습니다.

> 나의 하나님 여호와여, 원컨대 이 아이의 혼으로 그 몸에 돌아오게 하옵소서(왕상 17:21).

과연 하나님은 엘리야의 필사적인 기도를 들어주셨습니다. 아이의 혼이 돌아온 것입니다. 엘리야는 이 죽은 아이를 소생시키는 기적을 통해 자신의 예언자적 사명에 더욱 확신을 갖게 되었을 것입니다. "나는 재앙과 죽음을 몰고 오는 사람인가?" 아마도 엘리야는 이런 부정적 자아상에 시달렸는지도 모릅니다. 하지만 이 죽은 아이의 소생

사건을 통해 엘리야는 자신에 대한 이런 혼란을 극복하게 되었습니다. 그는 자신이 죽음과 재앙을 몰고 오는 사람이 아니라 생명과 풍요를 가져오는 사람임을 극적으로 확신하게 된 것입니다. 이 기적을 통해 엘리야는 오히려 자신의 사명을 더욱 강하게 확신합니다. "그렇다. 나는 재앙을 몰고 오는 사내도 아니며 이스라엘을 괴롭게 하는 자도 아니다. 나는 야웨 하나님의 예언자요 생명의 사자다. 소생과 부흥을 매개하는 하나님의 사자다." 사르밧 과부의 입에서 터져 나온 고백이 엘리야의 내적 소명감을 객관적으로 확증합니다.

> 내가 이제야 당신은 하나님의 사람이시요 당신의 입에 있는 여호와의 말씀이 진실한 줄 아노라(왕상 17:24).

이처럼 자신의 예언자적 소명에 더욱 강화된 확신을 얻은 엘리야는 사마리아로 향하는 귀환길에 오릅니다. 그는 다시 한번 이세벨과 아합 왕, 곧 죽음의 세력과 정면으로 대결해야 하기 때문입니다.

다시 아합 왕에게 나타난 엘리야

많은 날이 지나고 드디어 3년 가뭄의 기간이 끝나 가고 있었습니다. 엘리야는 다시 비를 주실 하나님의 약속을 믿고 아합 왕 앞에 서야 했습니다.

많은 날을 지내고 제 삼 년에 여호와의 말씀이 엘리야에게 임하여 가라 사대……(왕상 18:1).

악한 지도자 아합의 패역한 지도력과 바알 우상숭배, 그리고 이스라엘 자작자영 농민 공동체의 해체에 대한 하나님의 진노의 표현이 바로 3년간의 가뭄과 기근이었음을 확증해 주어야 했습니다.

엘리야가 아합에게 보이려고 가니 그때에 사마리아에 기근이 심하였더라(왕상 18:2).

엘리야가 다시 귀국했을 때 이스라엘 땅은 하나님의 저주와 심판을 처절하게 경험하고 있었습니다. 풍요의 신, 비와 뇌우와 폭풍의 신으로 알려진 바알은 전혀 도움이 되지 못했습니다. 그런 무기력한 바알 신을 광적으로 숭배하면 할수록 이스라엘은 죽음과 가뭄으로, 저주받은 땅으로 변질되어 갈 뿐이었습니다. 풍요와 번성에 대한 지도자들의 우상숭배적 집착은 국토 전체를 마르게 하고 하나님 백성들의 삶을 사막으로 만들어 버렸습니다. 북이스라엘 왕국의 모든 초장은 말라버렸습니다. 목회자들이 풍요와 다산(多産)을 숭배하면 할수록 하나님의 강단이 더욱 더 가뭄과 기근으로 쇠락하는 이유가 여기에 있습니다. 목회자가 많은 교인을 가진 큰 교회를 세우려는 야심을 숭배하면 할수록, 백성들의 삶을 갱신시키고 사회를 변혁시키는 하나님 말씀은 더욱 더 희귀해집니다. 또한 풍요와 다산을 하나님처럼 높이 받드는 사회는, 야웨의 말씀을 대언하는 예언자들을 견디지 못하고 그들을 추방하거나 소멸시키려고 합니다. 엘리야가 망명생활을 하던 3년 동안, 야웨의 선지자들은 이세벨-바알이 통치하는 "가뭄"과 "기근"의 땅에서 소멸되어 가고 있었습니다. 그들은 살해당하거나 영적인 기백을 상실한 나머지 종적을 감췄습니다. 이처럼 암울하고 황폐한 사마리아에 하나님께서 엘리야를 다시 파송하신 것입니다.

> ……너는 가서 아합에게 보이라. 내가 비를 지면에 내리리라(왕상 18:1).

그는 이번에도 아합 왕을 위한 특별 메시지를 가지고 출현합니다. 그런데 이번에는 "비"를 예고하는 예언을 가지고 왕과 조우합니다. 엘리야는 3년 가뭄과 기근의 원인을 규명하고, 아합 왕과 이스라엘 백성들을 올바른 야웨 신앙으로 회복시킬 사명으로 나타난 것입니다. 엘리야는 3년째 계속되는 "가뭄과 기근"이 이스라엘 백성들의 우상숭배에 대한 하나님의 진노어린 심판임을 선포하려고 온 것입니다. 이스라엘에게 닥친 3년간의 가뭄과 기근은, 아합 왕과 이세벨이 야웨 선지자의 씨를 말리고 바알 종교와 그것을 뒷받침하는 대자본가와 지주 세력을 팽창시킨 정치에 대한 신적 불쾌감의 표현이었다는 것입니다. 그러나 아합과 이세벨은 3년 동안 비가 오지 않은 이유를, 엘리야가 비 오지 말라고 기도했기 때문이라고 주장했습니다. 원인과 결과를 도착시킨 부당한 논리였습니다. 바로 이런 긴장과 적대의 불연속선을 뚫고 엘리야는 3년 만에 아합 왕을 다시 대면한 것입니다.

엘리야가 아합 왕에게 하나님의 회개 요구를 전달하려고 사마리아에 갔을 때, 아합 왕은 궁내대신과 함께 그의 노새와 말을 먹일 물과 꿀을 찾으러 다니고 있었습니다(18:3-6). 백성들은 죽음의 지경으로 내몰리고 있는데 왕은 자신의 짐승을 먹일 물을 찾으러 다니고 있었습니다. 엘리야가 3년 만에 다시 출현하자 아합 왕은 그에게 "이스라엘을 괴롭게 하는 자여"(18:17)라고 소리칩니다. 이에 대해 엘리야는 단호하게 반박합니다.

> 내가 이스라엘을 괴롭게 한 것이 아니라 당신과 당신의 아비의 집이 괴롭게 하였으니 이는 여호와의 명령을 버렸고 당신이 바알들을 좇았음이라(왕상 18:18).

여기서 "여호와의 명령"이란 말은 열두 지파가 함께 돈독하게 살도록 규정한 시내 산 계약을 가리킵니다. 아합이 이 시내 산 계약을 버리고 바알을 좇았다는 것은, 대자본가와 지주들을 중심으로 하는 사회 경제적인 변동을 주도했다는 것을 의미합니다. 공평과 정의의 원칙보다는 풍요와 번영의 이데올로기를 더 추구한 것입니다(대천덕 신부의 『토지와 자유』 참조). 바알 종교는 하나님의 공평과 정의와 자비의 길 대신에 부와 번영과 풍요의 이데올로기를 주창했습니다. "풍요로운 이곳에 하나님이 있다. 부요한 이곳에 하나님이 있다. 부자들의 삶 속에 하나님의 축복이 있다"고 가르쳤습니다. 바알 종교는 형제자매의 우애를 담보하는 계약 공동체의 기초를 파괴해 가면서까지 왕과 귀족의 농민 지배를 정당화했습니다. 또한 바알 신은 아세라라는 여신을 아내로 삼기 때문에, 바알의 종교의식에 참여하는 사람들은 아세라를 대표하는 여사제들[聖娼]과 성교 의식을 가졌습니다. 바알 종교는 성교

제의를 통해 풍요와 다산을 기원하는 음란 종교였습니다. 뿐만 아니라 바알 종교는 신에 대한 경건을 증명하기 위해 맏아들을 번제로 바치도록 요구했습니다. 이처럼 우상의 신, 거짓된 신을 숭배하면 경제적·정치적 공평과 정의가 붕괴될 뿐만 아니라 인격적인 순결과 도덕질서가 유린됩니다.

이스라엘의 괴로움의 원인이 누구 때문인지 논란을 벌이던 중, 엘리야는 아합 왕에게 기상천외한 제안을 합니다.

> 그런즉 보내어 온 이스라엘과 이세벨의 상에서 먹는 바알의 선지자 사백 오십 인과 아세라의 선지자 사백 인을 갈멜 산으로 모아 내게로 나오게 하소서.……그런즉 두 송아지를 우리에게 가져오게 하고 저희는 한 송아지를 택하여 각을 떠서 나무 위에 놓고 불은 놓지 말며 나도 한 송아지를 잡아 나무 위에 놓고 불은 놓지 말고 너희는 너희 신의 이름을 부르라. 나는 여호와의 이름을 부르리니 이에 불로 응답하는 신 그가 하나님이니라. 백성이 다 대답하되 그 말이 옳도다(왕상 18:19, 23-24).

엘리야와 바알-아세라 선지자들 850명 사이에 "비를 주지 않고 기근을 가져온 재앙의 근원이 바알인지 야웨인지 겨뤄 보자", 야웨와 바알 중 "누가 참 하나님인가"를 가려 보자고 제의한 것입니다. 엘리야는 제단에 쌓인 제물에 "불로 응답하는 신"이 역사를 주관하시는 참 하나님임을 인정해야 한다는 조건으로 바알-아세라 선지자들 850명과 기도 대결을 펼쳤습니다. 장소는 바알 선지자의 홈그라운드인 갈멜 산이었습니다. 450명의 바알 선지자들이 번제단에 제물을 올려 놓고

기도를 시작했습니다. 아침부터 정오까지 기도를 해도 바알로부터 어떤 응답도 오지 않았습니다. 그러자 그들은 칼로 자해 행위를 하면서까지 기도를 계속했습니다(18:25-29). 그럼에도 불구하고 바알 선지자들은 기도 응답을 받지 못했습니다. 이제 엘리야의 차례였습니다. 그는 기도하기 전에 먼저 갈멜 산 기도 대회를 참관하러 온 기회주의적 이스라엘 백성들을 향해 아주 도전적인 선포를 했습니다.

> 너희가 어느 때까지 두 사이에서 머뭇머뭇 하려느냐. 여호와가 만일 하나님이면 그를 좇고 바알이 만일 하나님이면 그를 좇을지니라 하니 백성이 한 말도 대답지 아니하는지라. 엘리야가 백성에게 이르되 여호와의 선지자는 나만 홀로 남았으나 바알의 선지자는 사백 오십 인이로다 (왕상 18:21-22).

이렇게 선포한 뒤 엘리야는 모든 이스라엘 백성을 자신에게 가까이 오게 하고, 그들이 보는 앞에서 무너진 야웨의 단을 수축했습니다 (18:30). 엘리야의 보수 신앙은 열두 지파 연맹체 시절의 형제자매적 연대와 일치를 회복하자는 신앙이었습니다. 그의 보수 신앙은 여호수아가 길갈에서 쌓아 놓았던 열두 지파를 상징하는 열두 돌제단을 다시 세운 데서 잘 드러납니다. 그는 열두 지파의 형제자매가 오손도손하게 살던 사사 시대의 형제우애적 계약 공동체를 회복하려고 한 것입니다. 하지만 이것은 거룩한 시대착오였습니다. 열두 지파의 무너진 단을 수축하겠다는 것은, 이미 대세가 되어 버린 대지주 중심의 이데올로기와의 갈등을 초래하는 것이었습니다. 그것은 역사의 시침을 거꾸로 돌리려고 하는 어리석은 짓처럼 보였을 것입니다. 그러나 그는 어리석게도 역사의 수레바퀴를 되돌리려는 듯이, 열두 지파를 상징하는 열두 돌제단을 수축하고 재건합니다(18:30-32).

만일 엘리야가 가뭄과 기근을 겪지 않고 이세벨의 식탁에서 공급되는 포도주와 산해진미를 실컷 즐겼다면, 가뭄과 기근이 주는 고통에도 참여하지 못했을 것입니다. 만일 엘리야가 가난한 이스라엘 동포들의 고난에 동참하지 못했다면 열두 지파의 일치와 연합에 대한 꿈을 진작 상실했을 것입니다. 누구든지 각 시대의 주류 이데올로기의 혜택을 받고 살면 더 나은 세계를 꿈꿀 수 있는 힘을 상실해 버립니다. 주류 이데올로기의 체제 바깥에서 가뭄과 기근을 온몸으로 겪은 사람만이, 가뭄과 기근의 시대를 끝내 달라고 하나님께 간청할 수 있을 것입니다. 엘리야는 누구보다도 가뭄과 기근이 백성들의 삶을 얼마나 괴롭게 하는지를 체험적으로 알았습니다. 그는 백성들의 삶을 최후의 만찬으로 몰아가는 엄청난 하나님의 진노를 치가 떨리도록 경험했기 때문에, 은총의 장대비 내리는 소리를 그만큼 사모했을 것입니다. 엘리야가 꿈꾼 부흥은 갈라진 대지를 적시고 오곡백과를 무르익게 만드는 단비였습니다. 그의 부흥은 나라 전체의 신앙과 도덕과 정의감의 부흥이었고, 국가 체제를 일신하는 정치 신앙적 대변혁을 의미했습니다.

따라서 엘리야는 "이스라엘을 괴롭게 하는 자"가 아니라, 이스라엘 백성들이 앓고 있는 가뭄과 기근을 끝내려고 애썼던 애국자였습니다. 그는 열두 지파 이스라엘의 무너진 제단을 쌓으려고 했던 사람이었습니다. 그는 백성들의 의식을 모세와 여호수아 시대, 사사 시대의 계약 공동체 시대로 소환시켜 놓았습니다. 길갈에서 열두 돌을 제단으로 세우고 "우리가 이스라엘"이라고 외쳤던 여호수아 시대(수 4장 참조)로 되돌아 간 것입니다. 현대를 사는 그리스도인들은 생활의 99퍼센트를 세상의 영향 아래 노출시키고 살면서, 하나님 나라에 대한 용맹어린 비전을 쉽게 상실해 갑니다. 썩어져 가는 구습을 좇는 이 세대를 바꾸기는커녕, 현상 유지에 급급하고 수세적인 신앙생활을 하게 됩니다. 이러한 때에 기근과 궁핍을 온몸으로 처절하게 경험해 본 사람만이 장대비 같은 빗소리를 사모하게 됩니다. 장대비 같은 하나님의 은혜에 사로잡히지 않고는 세상을 변혁시키는 거룩한 공동체를 이룰 수 없습니다.

사무치게 꿈꾸던 열두 지파의 이름을 불러 가며 제단을 쌓은 후 이제 엘리야는 제단과 도랑까지 철철 흘러넘치게 물을 쏟아 부었습니다.

> 저가 여호와의 이름을 의지하여 그 돌로 단을 쌓고 단으로 돌아가며 곡식 종자 두 세아를 용납할 만한 도랑을 만들고 또 나무를 벌이고 송아지의 각을 떠서 나무 위에 놓고 이르되 통 넷에 물을 채워다가 번제물과 나무 위에 부으라 하고 또 이르되 다시 그리하라 하여 다시 그리하니 또 이르되 세 번 그리하라 하여 세 번 그리하니 물이 단으로 두루 흐르고 도랑에도 물이 가득하게 되었더라(왕상 18:32-35).

임박한 은혜의 폭포수를 예고하는 물이었습니다. 마침내 모든 준비를 마친 후 저녁 소제 드릴 때에 기도를 시작했습니다. 그는 간결하고 핵심적인 구원사 전승("아브라함과 이삭과 이스라엘의 하나님")을 인용하며 하나님의 이름을 불렀습니다.

아브라함과 이삭과 이스라엘의 하나님 여호와여, 주께서 이스라엘 중에서 하나님이 되심과 내가 주의 종이 됨과 내가 주의 말씀대로 이 모든 일을 행하는 것을 오늘날 알게 하옵소서. 여호와여, 내게 응답하옵소서. 내게 응답하옵소서. 이 백성으로 주 여호와는 하나님이신 것과 주는 저희의 마음으로 돌이키게 하시는 것을 알게 하옵소서(왕상 18:36-37).

"사람들이 제발 좀 깨닫게 해주십시오. 야웨여, 내게 응답해 주십시오. 이 백성의 마음이 얼마나 주님께로부터 이탈되어 있는지를, 이들이 얼마나 하나님의 백성과 멀어져 있는지를 제발 좀 깨닫게 해주십시오!" 핵심을 찌르는 엘리야의 기도에 하나님은 불로 응답하셨습니다.

이에 여호와의 불이 내려서 번제물과 나무와 돌과 흙을 태우고 또 도랑의 물을 핥은지라(왕상 18:38).

이때 모든 백성들이 야웨 하나님이 참 하나님이요 엘리야가 야웨의 참 선지자임을 공적으로 인정했습니다.

모든 백성이 보고 엎드려 말하되 여호와 그는 하나님이시로다. 여호와 그는 하나님이시로다 하니(왕상 18:39).

머뭇머뭇하던 백성들의 태도가 야웨 하나님을 향한 확신으로 바뀌었습니다. 그들은 더 이상 "너희가 어느 때까지 두 사이에서 머뭇머뭇 하려느냐. 여호와가 만일 하나님이면 그를 좇고 바알이 만일 하나님이면 그를 좇을지니라"(18:21)고 다그치던 엘리야의 도전 앞에 한 마디도 대답하지 못하던 백성이 아니었습니다. 머뭇머뭇하던 백성들은 엘리야의 제단이 불로 태워지는 것을 보면서 비로소 야웨 하나님에 대한 신앙을 회복합니다. "바알이 아니라 야웨가 참 하나님이다. 공평과 정의의 하나님 그가 참 하나님이다. 번영과 풍요와 많고 큰 것을 좋다고 하는 그 신이 아니라, 공평과 정의, 이웃과 형제자매들과 평화의 능력을 증장시키는 그 하나님이 참 하나님이시다!"

결국 불로 응답받은 엘리야의 제단이 백성들의 마음을 돌이킨 것입니다. 하나님의 종들이 쌓은 제단이 불로 응답되는 역사 현장을 볼 때 백성들의 마음은 기경되고 갱신됩니다. 그리스도인들의 몸이 불의 제단에 바쳐진 향기로운 번제물이 될 때 일반 백성들은 그리스도인이 믿는 하나님이 참 하나님임을 인정하게 됩니다(롬 12:1-2 참조). 불로 응답받는 제단의 향기를 맡으며, 바알과 야웨 하나님 사이에서 방황하던 백성들은 야웨가 참 하나님이심을 인정했습니다. 그들은 스스로 엘리야에게 가까이 다가왔습니다. 그뿐 아니라 그들은 바알과 아세라 선지자 850명을 심판하는 엘리야를 도왔습니다(왕상 18:40). 마지막으로, 백성들의 회개는 이내 큰 빗소리로 이어지고 3년간의 가뭄과 기근이 마침내 끝났습니다. 회개하는 제단에 기도의 응답이 있고 영적으로 황폐한 땅(심령)에 비가 내린 것입니다.

그 사환에게 이르되 올라가 바다 편을 바라보라. 저가 올라가 바라보고 고하되 아무것도 없나이다. 가로되 일곱 번까지 다시 가라. 일곱번째 이르러서는 저가 고하되 바다에서 사람의 손만한 작은 구름이 일어나나이다. 가로되 올라가 아합에게 고하기를 비에 막히지 아니하도록 마차를 갖추고 내려가소서 하라 하니라. 조금 후에 구름과 바람이 일어나서 하늘이 캄캄하여지며 큰 비가 내리는지라. 아합이 마차를 타고 이스르엘로 가니(왕상 18:43-45).

온 백성이 회개했을 때 많은 구름과 바람을 동반한 큰 비가 쏟아졌습니다. 손바닥만한 구름 조각이 수평선에 나타날 때까지 두 무릎 사이에 머리를 파묻고 기도한 엘리야의 기도가 응답된 것입니다. 놀랍게도 엘리야는 작은 조각구름을 보면서 큰 빗소리를 들었습니다. 엘리야는 즉시 아합 왕에게 큰 비 소식을 전달합니다. 그때 야웨의 능력에 사로잡힌 엘리야는 허리를 동이고 갈멜 산에서 이스르엘까지 약 50킬로미터 정도의 거리를 왕의 수레를 앞에서 호위하며 내달렸습니다.

여호와의 능력이 엘리야에게 임하매 저가 허리를 동이고 이스르엘로 들어가는 곳까지 아합 앞에서 달려갔더라(왕상 18:46).

엘리야의 부흥운동은, 백성들과 왕의 방황하던 마음을 사로잡아 야웨 하나님께 다시금 굴복하도록 설복시킨 강력한 영(靈)의 시위였습니다. 이 강력한 영의 시위 한가운데 엘리야가 있습니다. 3년 동안 지속된 경건한 자기 연마와 영적 집중의 삶이 엘리야를 제단의 불꽃으로 태웠던 것입니다. 이처럼 영적 지도자가 하나님의 제단 앞에 바쳐진 번제물이 되고 그 번제물 위에 하나님께로부터 불의 응답이 내려올 때, 백성들은 하나님을 향해 급진적인 전향을 경험합니다. 제물을 태우는 불꽃 속에서 장대비 같은 은총의 역사가 예기(豫期)되는 것입니다. 온 백성이 회개함으로 자기 삶을 쪼개어서 맛보는 장대비 부흥은, 어떤 부흥사도 가져다줄 수 없는 부흥이요 어떤 영적 지도자도 그 열매를 독점할 수 없는 진정한 하나님의 부흥입니다. 한국 교회는 이런 영적 부흥운동을 목마르게 기다립니다. 하나님의 종들이 먼저 하나님의 번제단 위에 불꽃처럼 타올라서 향기로운 제물이 될 때(롬 12:1-2) 백성들의 마음을 하나님을 향해 자복케 할 수 있을 것입니다.

그릇된 현실 인식에서 비롯된 엘리야의 영적 침체

엘리야의 부흥운동은 일회성 소나기가 아니라 세대를 넘어 계승되어야 할 하나님 나라 운동이었습니다. 그러나 이런 자각에 이르기 위해서 엘리야는 다시금 혹독한 영성 수련과정에 들어갑니다. 갈멜 산 폭풍 같은 엘리야가 거대한 현실과 부딪쳐 급격하게 추락합니다. 엘리야는 이제 자신을 넘어 계속되어야 할 하나님 나라의 부흥운동에 눈을 뜨게 됩니다. 사람들은 최선을 다해도 넘지 못하는 장벽 앞에 좌절합니다. 좌절당한 사람들은 작고 보잘것없는 힘을 엄청난 세력으로 평가하고, 반면에 위대하고 강력한 힘을 보잘것없는 것으로 평가합니다. 엘리야는 그릇된 현실 인식으로 급격한 추락을 맛봅니다.

엘리야는 갈멜 산 대첩으로 엄청난 영적 고양을 맛보고 희망의 달음박질을 하지 않았습니까?(왕상 18:46) 그러나 사마리아로 돌아갔을 때 그는 아합-이세벨-바알 천하가 몰락하지 않고 여전히 위세를 떨치고 있는 것을 보았습니다. 오히려 850명의 바알과 아세라 선지자들을 살해한 혐의로 엘리야 자신은 이세벨의 지명 수배를 받고 쫓기는 신세가 되었습니다. 그가 드린 기도의 능력으로 불의 응답을 경험하고 비의 응답을 경험한 아합 왕과 백성들마저 다시 이세벨의 하수인으로 전락해 버렸던 것입니다. 갈멜 산 기도대첩 이전과 하나도 바뀐 것이 없는 현실로 되돌아가 버렸습니다. 그는 다시 생명을 위해 도망치는 망명객이 되었습니다.

> 아합이 엘리야의 무릇 행한 일과 그가 어떻게 모든 선지자를 칼로 죽인 것을 이세벨에게 고하니 이세벨이 사자를 엘리야에게 보내어 이르되 내가 내일 이맘 때에는 정녕 네 생명으로 저 사람들 중 한 사람의 생명 같게 하리라. 아니하면 신들이 내게 벌 위에 벌을 내림이 마땅하니라 한지라(왕상 19:1-2).

이런 위협적인 메시지를 개인편지 형태로 전달받은 엘리야는 순식간에 영적 기백을 상실했습니다. 이어지는 절은 엘리야의 현실 인식이 거센 현실 정치 세력, 곧 죽음의 세력 앞에 얼마나 쉽게 휘둘리는지를 잘 보여줍니다.

> 저가 이 형편을 보고 일어나 그 생명을 위하여 도망하여 유다에 속한 브엘세바에 이르러 자기의 사환을 그곳에 머물게 하고(왕상 19:3).

엘리야가 "이 형편을 보고" 살기 위해 남쪽 국경 끝자락으로 도망칩니다. 여기서 "보고"라는 동사가 매우 중요합니다. "본다"는 것은 '사태를 종합적으로 파악하는' 행위입니다. 엘리야는 하나님의 명령이 아니라 이세벨의 명령이 현실을 지배한다고 믿어 버린 것입니다(마 6:22-23 참조). 한자에 보면 현실(現實)의 '현'(現)자에는 왕(王)변에 볼 견(見)자가 붙어 있습니다. '보는 것'이 '왕 노릇한다'는 뜻입니다. 현실(reality)은 '보는 관점'에 따라서 달리 구성될 수 있는 상황을 뜻합니다. 현실은 무한입방면체와 같이 역동적으로 인식될 수 있다는 것입니다. 무엇이 가장 항구적인 힘이고 지배력인지를 잘 분변하는 것이 정당한 현실 인식입니다. 우상신 바알과 그의 하수인인 이세벨의 권력은 비실체적(unsubstantial)임을 아는 것이 정당한 성경적 현실 인식입니다. 진실로 우상신과 그의 세력은 덧없습니다. 항구적인 존재 기반이 없는 바알 신은 참 하나님에 대한 신앙의 위력을 돋보이게 하려고 등장한 악역 조연일 뿐입니다. 어떻게 보는가에 따라서 별것 아닌 것도 엄청나게 커 보이고, 엄청나게 큰 상황도 아무것도 아닌 것으로 볼 수 있는 이 역동적 상대성이 바로 현실 인식의 세계입니다. 신앙은 하나님 아닌 모든 것들을 무(無)로 돌릴 수 있는 역동적인 현실 인식의 능력입니다. 아무리 거대한 힘도 하나님의 힘 앞에 세워 보면 아무것도 아닌 것처럼 보이게 만드는 것이 신앙입니다(사 40:12-26).

엘리야는 지금 하나님 말씀에 대한 믿음보다 이세벨의 위협적 메시지 한 줄(왕상 19:2)을 읽고 그것의 권능에 사로잡혀 버린 것입니다. "와! 이 말이 성취되겠구나! 이 말이 현실이 되겠구나!"(민 13:25-33, 14장 참조)라고 생각해 버린 것입니다. 갈멜 산에서 포효하던 사자 엘리야가 보기에는 우상숭배에 빠진 한갓 이방 여인에 불과했던 이세벨이, 이제는 갑자기 난공불락의 요새처럼 보였습니다. 이제 한 마리 딱정벌레처럼 왜소해진 엘리야의 눈에는 이세벨이 위세당당한 여신처럼 보였던 것입니다. 이처럼 그는 하나님을 고려하지 않고 이세벨의 위세에 눌린 채 지극히 왜곡된 현실 인식을 바탕으로 도망칩니다. 그는 유다의 최남단 도시 브엘세바까지 도망쳤고 그것도 불안해 광야로 하룻길쯤 더 도망쳤습니다. 브엘세바는 유다 국경의 남쪽 끝으로서 이세벨이 보낸 저격꾼들이 올 수 없는 곳이었습니다. 그런데 거기까지 가서도 두려움을 극복하지 못해 하루 더 광야로 들어간 것입니다. 놀랍게도 갈멜 산의 기도대첩의 영웅, 야웨의 신으로 가득 차서 왕의 수레보다 앞서 달렸던 엘리야가 이제 자살 지향적 기도를 드리고 있습니다.

> 스스로 광야로 들어가 하룻길쯤 행하고 한 로뎀나무 아래 앉아서 죽기를 구하여 가로되 여호와여, 넉넉하오니 지금 내 생명을 취하옵소서. 나는 내 열조보다 낫지 못하니이다 하고(왕상 19:4).

엘리야처럼 자살을 기도하는 사람들은 자신의 힘으로 극복할 수 없는 절대적인 한계 상황에 빠진 사람들입니다. 절대적인 절망에 빠져 모든 친밀한 인격적 접촉을 상실하고 먹지 못하고 자지 못할 때, 사람들은 자살 지향적인 넋두리를 늘어놓는 법입니다. 먹지 못하고 자지 못해 영적 붕괴를 당한 사람들은 하나님이 보시기에 민망한 헛소리를 늘어놓습니다. 하나님은 이러한 엘리야를 어루만지시고, 먹이시고, 재우십니다.

로뎀나무 아래 누워 자더니 천사가 어루만지며 이르되 일어나서 먹으라 하는지라. 본즉 머리맡에 숯불에 구운 떡과 한 병 물이 있더라. 이에 먹고 마시고 다시 누웠더니(왕상 19:5-6).

영은 육체와 깊이 관련되어 있습니다. 이 경우에는 빵과 물, 신체적 접촉, 잠이 영적 자양분입니다. 엘리야가 원기를 회복할 때쯤 되어서, 하나님은 정상적인 의사소통에 들어가십니다. 하나님은 엘리야의 자살 지향적 기도를 액면 그대로 듣지 않으십니다. "죽고 싶다"는 엘리야의 기도를 "하나님! 저는 이세벨-바알이 다스리는 천하에서는 못 살겠습니다"라는 현실 변혁적 탄식으로 들으신 것입니다. 그가 "죽고 싶다"고 한 말을 "다른 방식으로 살고 싶다"는 말로 알아들으신 것입니다. 엘리야는 이세벨-바알이 지배하는 저 완강한 현실을 뜯어고치든지 내가 죽든지, 둘 중에 하나를 선택해야 하겠다고 생각한 것이었습니다. 그의 자살 지향적 기도는 하나님에 의해 체제 전복적 기도로 재해석됩니다. 악하고 완강한 현실의 위세 앞에 절망적인 탄식을 분출해 본 사람의 기도가, 현실 변혁적이자 체제 전복적 기도로 승화될 수 있습니다. 엘리야의 자살 지향적인 기도 속에서 이 세상을 뒤집어엎어야겠다는 변혁 의지를 간파하신 하나님은, 그를 그저 자살하려는 허약한 병자로 보지 않고 이세벨-바알 체제에 대해 거룩한 불만을 가진 자로 인정하신 것입니다. 7절에 가면, 엘리야를 먹이시는 하나님의 의도가 명확하게 드러납니다.

여호와의 사자가 또 다시 와서 어루만지며 이르되 일어나서 먹으라. 네가 길을 이기지 못할까 하노라 하는지라(왕상 19:7).

하나님이 주신 음식은 분명히 사명의 길을 달려가기 위한 전투 식량이었던 셈입니다. "엘리야야, 네가 여기서 멈추어 주저앉을 수는 없다. 네가 달려갈 사명의 길이 아직 남아 있다. 이제 너는 하나님의 산, 호렙 산으로 달려가야 한다"고 말씀하시는 것입니다.

이에 일어나 먹고 마시고 그 식물의 힘을 의지하여 사십주 사십야를 행하여 하나님의 산 호렙에 이르니라(왕상 19:8).

하나님은 절망과 영적 침체의 끝자락에서 죽고 싶다고 아우성치던 엘리야에게 호렙산으로 오르는 길, 곧 영적 치료와 회복의 길을 보여주신 것입니다. 하나님의 백성들이 하나님의 천사표 음식과 같은 원기 가득한 음식을 먹어야 하는 이유는, 달려가야 할 길이 남아 있기 때문입니다. 천사표 음식을 먹은 사람은 자신 앞에 놓여 있는 사명의 길, 호렙 산으로 올라가야 할 벅찬 과제를 능히 감당할 수 있습니다. 우리가 살고 있는 이 세상은 우리의 힘과 원기를 빼앗아 갑니다. 바알과 이세벨 체제를 거부하는 열정 때문에 겪는 굶주림은 하나님의 말씀으로 채워져야 합니다. 왕의 수레보다 앞서 달려가는 신적 권능으로 우리는 사명의 현장으로 달려갈 수 있을 것입니다. 결국 엘리야는 광야 로뎀 나무 아래서 천사표 음식을 먹고 힘을 내어 모세의 산 호렙까지 내달렸습니다.

세미한 음성 속에 들려오는 새로운 사명

그러나 호렙 산 질주가 엘리야의 영적 치료와 회복의 완성은 아니었습니다. 하나님의 일이라고 굳게 믿으며 최선을 다해 추진하던 바로 그 일이, 기대와는 전혀 다른 방향으로 진행되었을 때 찾아온 엘리야의 영적 침체는 쉽사리 극복되지 않았습니다. 그의 영적 침체는 뿌리 깊은 영적 함몰이었습니다. 불과 지진과 바람의 위력으로도 치유되지 않는 침체였습니다. 독자의 기대와는 달리 호렙 산에 당도한 엘리야는 하나님의 음성을 듣고 기력을 회복한 것이 아니라 다시 폐쇄적인 자의식의 동굴 속으로 칩거해 들어갔습니다.

엘리야가 그곳 굴에 들어가 거기서 유하더니……(왕상 19:9).

그는 자신의 경험(백성들이 야웨 선지자들을 칼로 죽인 것과 자신만 간신히 살아남은 사실)과 자신이 본 것(이스라엘 자손이 야웨의 언약을 버리고 야웨의 제단을 헐어 버린 것)에 사로잡혀 있었습니다.

저가 대답하되 내가 만군의 하나님 여호와를 위하여 열심이 특심하오니 이는 이스라엘 자손이 주의 언약을 버리고 주의 단을 헐며 칼로 주의 선지자들을 죽였음이오며 오직 나만 남았거늘 저희가 내 생명을 찾아 취하려 하나이다.……저가 대답하되 내가 만군의 하나님 여호와를 위하여 열심이 특심하오니 이는 이스라엘 자손이 주의 언약을 버리고 주의 단을 헐며 칼로 주의 선지자들을 죽였음이오며 오직 나만 남았거늘 저희가 내 생명을 찾아 취하려 하나이다(왕상 19:10, 14).

엘리야는 이세벨-바알과 아세라 선지자들이 주도하는 현실을 피해 동굴로 숨어들었습니다. 마치 그 옛날 므낫세 지파의 말자(末子) 의식(삿 6:15)으로 동굴로 기어들어 간 기드온처럼 그는 칩거에 들어갔습니다. 그것은 현실도피적인 칩거였습니다. 동굴 안에서 그는 자기 혼자만 남았다는 사실 앞에 절대 고독과 무력감을 느꼈습니다. 엘리야의 영적 침체는 한두 번 천사표 음식으로 회복될 수 없는 영적 함몰과 같은 것이었습니다. 갈멜 산 대첩을 목격하고 엘리야를 도와 바알과 아세라의 제사장들을 처단한 백성들의 배신은 그를 더욱 외롭게 만들었을 것입니다. 이세벨의 포악한 박해 외에 이스라엘 백성의 배신과 변절이 분명 그의 영적 기백을 결정적으로 꺾어 놓았을 것입니다. 그는 독불장군 이상도 이하도 아니었던 것입니다.

여기서 우리는 악한 세력과의 싸움이 독불장군들의 영웅담화로 끝날 일이 아님을 깨닫게 됩니다. 엘리야가 갈멜 산에서 한판 진검승부로 850명의 바알과 아세라 선지자를 처단했다고 해서 그 시대의 근본악이 근절된 것입니까? 그렇지 않다는 사실이 뚜렷하게 부각되고 있습니다. 풀을 베고 난 자리에 잠시 후면 다시 새 풀이 수북이 자라나듯이, 바알-아세라 선지자들을 850명이나 도륙했는데 이제 8천 5백 명, 아니 8만 5천 명의 기세로 다시 몰려오는 느낌이었습니다.

앞서 말했듯이, 보다 더 절망적이고 낙담이 된 것은 백성들의 갑작스런 태도 변화였을 것입니다. 좀 전에 분명히 "여호와 그는 하나님이시로다"(18:39)라고 외치면서 엘리야를 도와 바알-아세라 선지자들을 도륙하는 데 협조했던 이스라엘 백성들이, 이제는 칼로 야웨의 선지자들을 죽이는 지경에까지 이르지 않았습니까?(19:10) 엘리야가 그토록 멀리까지 도망친 이유는, 이스라엘 백성들의 배신과 변절 때문이었을 것입니다. 이스라엘 자손이 야웨의 언약을 버리고 야웨의 단을 헐며 칼로 야웨의 선지자들을 죽인 그 사건은, 잔악한 이세벨이 야웨의 선지자를 박해한 것보다 더 한탄스러운 상황이었을 것입니다. 이렇게 보면 엘리야의 영적 침체는 상당한 근거가 있었던 셈입니다. 최선을 다했는데 상황이 악화되고 현실은 여전히 완강하고, 850명의 악인을 죽였더니 그 자리에 8만 5천 명의 악인이 엄습하는 엄청난 현실에 그는 질식하고 있었던 것입니다. 바로 이때, 하나님은 영적 리엔지니어링 작업에 착수하십니다. 하나님의 심층 상담(로고테라피)이 시작됩니다. 그 상담은 엘리야에게 새로운 사명을 고취시킴으로써 영적 침체를 극복하게 하는 사역입니다.

놀랍게도 엘리야는 호렙 산 동굴 속에서도 로뎀나무 아래서 터뜨렸던 그 불평을 거두지 않았습니다. 그는 아마 동굴 안에서 적대자들을 제압할 수 있는 하나님의 초자연적인 능력을 보여 달라고 요구했는지도 모릅니다. 어쩌면 그는, 다시금 갈멜 산의 대첩 환상에 매료된 채 그 잔상에 기대고 있었을 것입니다. 갈멜 산을 진동했던 그 외경스러운 불과 폭풍과 지진과 같은 하나님의 능력을 보여 달라고 소리쳤을는지도 모릅니다. 하나님은 이렇게 속이 좁아져 버리고 하나님의 확 트인 인식의 전망을 잃어버린 엘리야를 먼저 동굴 밖으로 불러내셨습니다.

여호와께서 가라사대 너는 나가서 여호와의 앞에서 산에 섰으라 하시더니(왕상 19:11).

그리고 강한 바람과 지진과 불의 시위를 베푸십니다(19:11-12). 야웨께서 지나가실 때, 그분의 거룩한 현존을 크고 강한 바람이 표출하고 있습니다. 그 강한 바람은 산을 가르고 바위를 부수는 위력을 드러냈습니다. 그 다음에는 지진의 시위를, 그 다음에는 불의 시위를 보여주셨습니다. 그럼에도 불구하고 의기소침한 엘리야는 요지부동입니다. 그런 외형적인 위력들의 시위 속에서 하나님의 음성을 듣지 못했기 때문입니다. 과연 본문은 원수 대적들을 일시에 굴복시킬 수 있는 그 강력한 바람과 지진과 불 가운데 "여호와께서 계시지 아니하며"(19:11)라고 단언합니다. 그 신적 권능의 현현들은 하나님 자신이 아니라, 하나님께서 부리는 피조물이요 능력일 뿐임이 판명되었기 때문입니다. 이 외형적인 힘의 시위 안에 하나님이 계시지 않는다는 사실은, 앞으로는 하나님께서 갈멜 산에서처럼 엘리야가 불과 지진과 태풍의 힘으로 바알 우상숭배자들을 척결하는 것을 허락하지 않을 것임을 암시합니다. 오히려 강한 바람과 지진과 불과 정반대 현상인 세미한 음성 속에 야웨가 현존하심이 밝혀집니다.

······후에 세미한 소리가 있는지라(왕상 19:12).

"세미한 소리"는 침묵이라고 보기에는 소리에 가깝고, 소리라고 보기에는 침묵에 가깝습니다. 소리와 침묵의 중간이고, 있음과 없음의 중간이고, 들림과 안 들림의 중간이라는 특이한 표현입니다. 이것은 너무나도 세미한 소리이기에 엘리야가 일순간 못 들을 수도 있는 하나님의 메시지입니다. 강한 바람과 지진과 불 후에 들려온 세미한 음성 "엘리야야, 네가 어찌하여 여기 있느냐"(19:13)는 동굴에서 엘리야를 불러낼 때 들려온(19:9) 바로 그 음성입니다. "네가 어찌하여 여기 있느냐"라는 말은 "엘리야야, 네가 어찌하여 동굴의 우상 안에 갇혀 있느냐? 왜 너의 좁은 상상력 속에 붙잡혀 있느냐? 왜 객관적인 하나님의 능력을 보지 못하느냐?" 정도의 말이었을 것입니다.

> 엘리야가 듣고 겉옷으로 얼굴을 가리우고 나가 굴 어귀에 서매 소리가 있어 저에게 임하여 가라사대 엘리야야, 네가 어찌하여 여기 있느냐(왕상 19:13).

13절의 질문은 "네가 어찌하여 강한 바람과 지진과 불과 같은 가시적이고 초자연적인 권능 속에서만 나를 찾느냐?"라는 말입니다. 하나님의 강한 바람과 지진과 불의 시위가 엘리야의 영적 침체를 극복하는 데 결정적인 도움을 주지 못했다는 사실이 드러난 것입니다.

> 저가 대답하되 내가 만군의 하나님 여호와를 위하여 열심이 특심하오니 이는 이스라엘 자손이 주의 언약을 버리고 주의 단을 헐며 칼로 주의 선지자들을 죽였음이오며 오직 나만 남았거늘 저희가 내 생명을 찾아 취하려 하나이다(왕상 19:14).

14절의 불평은 동굴 안에서 터뜨린 10절의 불평과 동일합니다. "하나님, 다시 한번 나를 강철같이 강하게 해주십시오. 다시 한번 강한 바람과 지진과 불의 예언자가 되게 해주십시오. 내가 폭풍을 몰고 가는 바람의 예언자가 되어 다시 한번 갈멜 산의 대첩을 재현하게 만들어 주옵소서"라는 엘리야의 잠재의식 속 기도는 응답받지 못한 셈입니다.

대신에 하나님께서는 세미한 소리로 나타나십니다. 그 세미한 음성 속에 엘리야의 새로운 사명이 열립니다. 그 세미한 음성은 엘리야의 하나님 인식 방법을 우회적으로 교정해 줍니다. "더 이상 바람이나 지진이나 불 속에서 하나님을 찾지 말라. 더 이상 강한 바람과 지진과 불을 몰고 오는 예언자로 활동하는 데 만족하지 말라." 불과 폭풍과 지진은 감각적으로 볼 때 엄청난 사건이요 현상입니다. 그러나 하나님은 이제 그런 것들 속에 거하지 않고 절대 침묵 속에서 당신을 드러내십니다. 아주 세미한 침묵의 소리 안에서 엘리야는 하나님을 만납니다. 여기서 엘리야는, 역사의 주관자가 결코 이세벨과 바알일 수 없으며 오직 야웨 하나님뿐임을 다시 깨닫게 됩니다. 하나님은 세미한 음성 속에서 새로운 사명을 부여함으로써 엘리야의 영적 침체를 치료하십니다. 새로운 사명은, 바알 숭배를 척결할 동역자들을 세우고 자신의 우상 파괴운동을 계승할 후진, 곧 하나님께서 숨겨 놓으신 젊은 동역자들을 발굴하는 일이었습니다. 영적 침체는 새로운 사명의 발견으로 치료될 수 있음을 보여줍니다. 열왕기상 19:15-18은 엘리야에게 새롭게 부여된 사명의 길을 제시합니다.

여호와께서 저에게 이르시되 너는 네 길을 돌이켜 광야로 말미암아 다메섹에 가서 이르거든 하사엘에게 기름을 부어 아람 왕이 되게 하고 너는 또 님시의 아들 예후에게 기름을 부어 이스라엘 왕이 되게 하고 또 아벨므홀라 사밧의 아들 엘리사에게 기름을 부어 너를 대신하여 선지자가 되게 하라. 하사엘의 칼을 피하는 자를 예후가 죽일 것이요 예후의 칼을 피하는 자를 엘리사가 죽이리라. 그러나 내가 이스라엘 가운데 칠천 인을 남기리니 다 무릎을 바알에게 꿇지 아니하고 다 그 입을 바알에게 맞추지 아니한 자니라.

여기서 엘리야는 자신이 극복해야 할 원수들이 갈멜 산의 한판 진검승부로 끝날 수 없음을 심각하게 깨닫습니다. 엘리야는 그가 성취해야 할 새로운 사명을 듣고서야 영적 기백을 회복하기 시작합니다. 사람은 자신이 성취해야 할 사명으로 자신의 열정을 태우며 달려가는 기관차입니다. 인간은 의미와 사명감과 책임감을 연료로 태우며 달려가는 존재입니다. 엘리야는 세미한 음성 속에서, 바알이라는 우상숭배주의자들을 척결하는 일이 자신의 당대에 끝날 일이 아니라 오랜 세대를 두고 완성해야 할 일임을 깨달은 것입니다. 자신이 아니라 하나님이 역사의 주관자이심을 인정한 것입니다. 그가 받은 새로운 사명은, 바알 척결 작업을 세대를 넘어 계승할 후계자를 세우고 하나님께서 숨겨 놓으신 젊은 동역자들을 발굴하는 일이었습니다. 하나님은, 자신이 그토록 척결하려고 했던 그 바알 우상숭배자들과 나라의 공평과 정의의 기초를 허물어뜨리는 번영지상주의자들을 친히 척결하시기 위해 당신의 종들을 오랫동안 준비해 오고 계셨던 것입니다. 하나님은 결코 엘리야를 외롭게 내버려 두신 것이 아니었습니다. 하나님은 결코 도탄에 빠진 하나님 백성들의 역사를 외면하신 것이 아니었습니다. 하나님은 졸지도 않고 주무시지도 않으며, 이스라엘 역사의 진행 결과를 너무나 자세히 감찰해 오고 계신 것이었습니다. 하나님은 과연 역사의 주관자였습니다. 이 새롭고 확 트인 현실 인식 속에서 엘리야는 영적 침체를 극복한 것입니다.

여기서 우리는 우리의 내면에서 들려오는 지극히 작은 음성이 새로운 사명을 고취해 영적 침체를 극복하게 하는 데 결정적 지침이 됨을 발견합니다. 에르네스토 카르데날(Ernesto Cardenal) 신부가 말하듯이, 우리는 저 고대의 사막 수도사처럼 자신의 내면에서 절대 침묵 가운데 떠오르는 세미한 소리를 감청할 수 있어야 합니다. 하나님의 음성은 우리의 혈기어린 소음 속에 묻혀 오듯이 전달되기 때문입니다. 특히 불과 지진과 폭풍 같은 소란스러운 환경 너머에서 들려오는 하나님 음성은 세미합니다. 그러나 이 세미한 음성 속에는 불과 지진과 바람의 언어가 들어 있습니다. 님시의 아들 예후와 하사엘과 엘리사가 바로 바람과 지진과 불의 사자들입니다. 그들이 바로 바알 우상숭배자들을 한칼에 다시 쳐부수어 줄 불과 지진과 바람이 될 것입니다. 불과 바람과 지진과 같은 후계자를 세울 것을 명령하는 그 하나님의 음성은 지극히 세미합니다. 우리가 세미한 음성을 들었다고 해서 그 음성이 위력 없는 것이 아닙니다. 그 세미하고 차가운 음성 속에 엄청난 불의 언어, 폭풍과 바람의 언어, 지진의 언어가 시한폭탄처럼 내장되어 있습니다. 엘리야 자신은 불과 바람과 지진을 가져오지 못했지만, 그가 안수해 세웠던 예후와 하사엘과 엘리사는 불과 지진과 바람을 가져왔습니다(왕하 8-10장 참조). 이들은 모두 바알 우상숭배자들을 타파했습니다.

엘리야의 영적 침체는 극복되었습니다. 또한 하나님은 엘리야에게 예비해 두신 세 사람에게 안수하라는 사명을 주셨습니다. 동굴 안에서 볼 수 없었던, 하나님이 주장하시는 확 트인 현실을 그는 보았습니다. 이것이 바로 영적 침체의 극복입니다. 인간의 제한된 시야의 동굴 우상에서 벗어나 하나님의 방식으로 사물을 바라보는 것이 바로 영적 침체를 극복하는 길입니다. 엘리야는 자신만 응시하다가 탈진되었지만, 하나님께서는 놀랍게도 바알에게 무릎을 꿇지 않고 입맞추지 않은 순결한 청년 전사 7천 명을 남겨 두셨습니다. 엘리야가 안수해 세울 세 사람의 후계자와 7천 명의 거룩한 전사들이 바알 척결 작업을 계승할 것이며 야웨 신앙을 부흥시킬 것입니다. 바람의 아들 아람의 왕 하사엘을 예비하셨고, 지진 같은 정치 혁명으로 권력을 잡을 님시의 아들 예후를 예비하셔서, 하사엘이 죽이다 남은 바알 잔당들을 죽이도록 했습니다. 또다시 예후가 죽이다 남은 사람을 불의 예언자 엘리사가 척결할 것입니다. 엘리야는 자신이 불과 바람과 지진이 되기 원했지만, 하나님께서는 엘리야에게 세미한 음성을 들려주시고, 불과 바람과 지진의 사내들에게 안수만 하게 하셨습니다. "나만 남았다"고 주장하는 사람은 하나님이 예비하신 동역자와 후계자들을 바라보아야 합니다(엘리야는 많은 선지자 생도를 육성하게 됩니다. 왕하 2장 참조). 엘리야는 하나님이 주도하시는 "현실"을 본 후에야 다시 광야로 달려갈 수 있는 사명자가 되었던 것입니다.

엘리야의 부흥운동은 바알 우상숭배자들과 그들을 지지하는 사회의 전반적인 체제에 대한 거룩한 저항운동이자 총체적인 인적·종교적·정치적 척결작업이었습니다. 물론 우리의 부흥운동은 물리적인 폭력을 동반하는 청교도적 혁명 대의로 일탈해서는 안됩니다. 먼저 자신 안에 내재된 물신 숭배와 다산과 풍요에 대한 집착을 소거해야 합니다. 오늘날에는 더더욱 성령의 권능으로 자신의 옛 자아를 십자가에 못박고 성령의 바람에 지배되는 부흥의 증인이 필요합니다. 현재는 거룩한 성령의 검으로 무장한 부흥운동가들이 일어나야 할 시점입니다. 자신을 번제단에 바쳐 불태울 엘리야가 일어나야 합니다. 번영과 풍요를 공평과 정의의 원칙보다 앞세우는 오늘날의 바알주의자들을 역사의 중심 무대에서 추방하고, 무너진 열두 지파의 제단을 회복하는 엘리야의 후계자들이 일어나야 합니다.

우리나라는 국민소득 삼만 불이 넘는 번영을 구가하면서도, 사회 계층간 양극화의 간극은 절망적일 정도로 커져 가고 있습니다. 번영과 풍요의 이데올로기에 광신적인 숭배를 보이는 기업가와 정치가와 종교지도자들이 역사의 중심 무대에서 활극장을 이루고 있습니다. 그들은 형제자매적인 우애공동체를 이루는 데 투신하지 않고 자신도 모르게 바알 우상숭배주의자들이 된 사람들입니다. 그들은 공평과 정의를 통해 번영을 추구하는 하나님 나라를 상속할 수 없습니다. 오히려 우리 시대 지도자들의 죄악을 향한 심판의 현장에서 가뭄과 기근을 온몸으로 겪어 본 사람이 하나님의 부흥운동을 목마르게 기대하며 하나님 나라를 상속할 수 있습니다. 하나님의 부흥을 목마르게 고대하는 사람이 하나님 나라의 부흥운동을 중개하는 일꾼으로 사용될 수 있습니다.

하나님이 주도하시는 부흥운동은 하나님의 제단에서 시작되어 세상 속으로 확장되고, 세상의 우상숭배 체제의 근본을 허물어뜨리는 체제 전복적 하나님 나라 운동입니다. 이 운동은 단기필마식의 영웅적 무용담으로 지탱될 수 없는, 세대를 넘어 계승되어야 할 운동입니다. 한국 교회의 제단이 엘리야의 제단처럼 하나님의 불꽃으로 태워지기 위해서는 젊은 그리스도인들의 부단한 자기 부인과 수도사적인 자기 연마와 수련이 요청됩니다. 하나님의 종들이 제단에서 태워지는 향기로운 번제물이 될 때, 우상과 하나님 사이에서 방황하던 백성들의 마음을 돌이킬 수 있습니다. 사랑하는 기독청년 여러분, 엘리야의 부단한 자기 부인과 수련으로 미래를 기약할 수 있기를 간구합니다.

2

에스겔의 비극과 신앙, 하늘이 열리는 경험

에스겔 1:1-14

에스겔 1:1-14

서른째 해 넷째 달 초닷새에 내가 그발 강 가 사로잡힌 자 중에 있을 때에 하늘이 열리며 하나님의 모습이 내게 보이니 여호야긴 왕이 사로잡힌 지 오 년 그 달 초닷새라. 갈대아 땅 그발 강 가에서 여호와의 말씀이 부시의 아들 제사장 나 에스겔에게 특별히 임하고 여호와의 권능이 내 위에 있으니라. 내가 보니 북쪽에서부터 폭풍과 큰 구름이 오는데 그 속에서 불이 번쩍번쩍하여 빛이 그 사방에 비치며 그 불 가운데 단 쇠 같은 것이 나타나 보이고 그 속에서 네 생물의 형상이 나타나는데 그들의 모양이 이러하니 그들에게 사람의 형상이 있더라. 그들에게 각각 네 얼굴과 네 날개가 있고 그들의 다리는 곧은 다리요 그들의 발바닥은 송아지 발바닥 같고 광낸 구리 같이 빛나며 그 사방 날개 밑에는 각각 사람의 손이 있더라. 그 네 생물의 얼굴과 날개가 이러하니 날개는 다 서로 연하였으며 갈 때에는 돌이키지 아니하고 일제히 앞으로 곧게 행하며 그 얼굴들의 모양은 넷의 앞은 사람의 얼굴이요 넷의 오른쪽은 사자의 얼굴이요 넷의 왼쪽은 소의 얼굴이요 넷의 뒤는 독수리의 얼굴이니 그 얼굴은 그러하며 그 날개는 들어 펴서 각기 둘씩 서로 연하였고 또 둘은 몸을 가렸으며 영이 어떤 쪽으로 가면 그 생물들도 그대로 가되 돌이키지 아니하고 일제히 앞으로 곧게 행하며 또 생물들의 모양은 타는 숯불과 횃불 모양 같은데 그 불이 그 생물 사이에서 오르락내리락 하며 그 불은 광채가 있고 그 가운데에서는 번개가 나며 그 생물들은 번개 모양 같이 왕래하더라.

에스겔서는 모두 48장으로 구성되어 있는, 유다의 바벨론 포로 청년 에스겔의 영적 일기(journal)입니다. 에스겔은 하나님으로부터 말씀을 받았을 때 그 시점들을 정확하게 기록함으로써 당시 자신의 심적 정황들을 어느 정도 알려 줍니다. 본문에 의하면 에스겔은 서른 살의 나이에 하늘이 열리는 경험을 합니다.

> 제 삼십년 사월 오일에 내가 그발 강가 사로잡힌 자 중에 있더니 하늘이 열리며 하나님의 이상을 내게 보이시니(겔 1:1).

제30년 4월 5일에 에스겔은 하늘이 열리는 경험을 하는데, 그날이 에스겔의 생애에서 어떤 의미였는지 알려면 다음 절을 읽어야 합니다.

> 여호야긴 왕의 사로잡힌 지 오년 그 달 오일이라. 갈대아 땅 그발 강가 에서 여호와의 말씀이 부시의 아들 제사장 나 에스겔에게 특별히 임하고 여호와의 권능이 내 위에 있으니라(겔 1:2-3).

청년 에스겔, 서른 살에 열린 하늘

여러분! 에스겔서가 시작하는 시점을 주목하기 바랍니다. "사로잡힌 지" 5년 그리고 5일 되는 날입니다. 하늘이 열리는 경험을 한 장소와 무대를 주목해 보십시오. "그발 강가", "사로잡힌 자 중"입니다. "사로잡힌 자"라는 말은 당시의 역사를 볼 때 전문용어에 가까운 표현으로, 주전 597년에 바벨론으로 끌려가 포로수용소 같은 집단 거주지에 살던 유다의 포로들을 통칭하는 용어입니다. 에스겔은 사로잡힌 자의 공동체 일원이었습니다. 부자유한 사람이었다는 뜻입니다. "사로잡힌 자 중에 있었다"는 말은, 그가 그 땅의 참혹한 현실 때문에 얼마나 괴로워했는지 짐작할 수 있게 해줍니다. 스물 다섯 살에 포로로 잡혀 와 5년의 세월을 흘려보냈고, 자신의 미래가 사라져 버렸다고 슬퍼하던 젊은 포로였다는 뜻입니다. 그런 에스겔에게 "하늘이 열리는" 사건은 자유와 해방 역사의 시작이었습니다. 땅의 현실이 억압적이고 절망적일수록 하늘의 문을 두드리는 간절함은 더욱 강해질 수밖에 없습니다.

3절은 에스겔이 자신의 정체성을 어떻게 규정하고 있는지 보여줍니다. "부시의 아들 제사장 나 에스겔"이라 말하고 있습니다. 비록 예루살렘 성전에서 봉사하지 못하고 있지만, 에스겔은 자신을 제사장으로 규정합니다. 스물 다섯의 나이에 조국의 멸망과 함께 산산조각이 나 버린 자신의 청춘일지언정 에스겔은 자신이 제사장임을 망각하지 않습니다. 이것이 그가 절망을 이기는 가장 중요한 실마리가 됩니다. 산산조각 난 조국의 운명과 같이 구겨져 버린 청년이 절망을 딛고 일어설 수 있는 한 가지 크고 강고한 힘은 "내가 누구인가?"를 아는 일입니다. 내가 누구인지 알 때, 내게 기대되는 인생의 이상을 설정해 놓을 때 외부 환경이 아무리 절망을 강요한다 해도 우리는 절대 환경에 지배되지 않습니다. 외부의 잔혹한 도전에 응전할 수 있는 내적인 힘은 자아에 대한 적확하고 바른 이해에서 나옵니다. 에스겔은 자신이 사로잡힌 자 중에 살아가는 포로에 불과하지만, 그의 양심은 자신을 제사장이라 부른 것입니다. 이것은 참으로 대단한 자유입니다.

솔제니친이 쓴 『이반 데니소비치의 하루』에 보면, 석수장이 이반 데니소비치가 동료 죄수들에게 자신의 존엄성을 지키라고 권고하는 장면이 자주 나옵니다. 배가 고프더라도 간수들이 보는 앞에서 밥그릇을 핥는 모습을 보여주지 말라고 합니다. 간수들이 자신들을 비인간적으로 대우하지 못하도록 스스로 인간적 존엄을 지키라고 충고합니다. 에스겔이 자신을 제사장이라고 불렀다는 것은, 그가 제사장 제복을 입고 제사장 두발에 제사장 두건을 쓰고 생활했다는 것을 의미합니다. 제사장의 두발로 단장한 에스겔의 머리털이 하나님의 손에 붙들려 영적 부양(浮揚, 끌어올림)의 통로로 사용됩니다(8:3). 에스겔에게 "하늘이 열린다"는 말은, 참혹한 포로살이를 신학적으로 신앙적으로 조감할 수 있는 시좌(視座, 바라보는 자리)로 끌어올림을 경험했다는 의미입니다. 에스겔이 계시를 받은 경험은, 영적 부양을 통해 하나님의 보좌에서 지상 역사를 전망하고 분석하는 경험이었습니다(겔 2:2, 3:12, 14, 24, 8:3 등). 즉 하나님 나라, 하나님 통치의 관점에서 지상 역사와 자신의 개인사를 완전히 새롭게 해석하는 것입니다. 이것이 "하늘이 열리는" 경험입니다.

청년 포로 에스겔의 하늘 열림의 자리

에스겔이 구체적으로 하나님의 하늘 열림, 곧 새로운 역사 해석 시점을 획득한 장소는 어디입니까? 그발 강가입니다. 그발 강가는 유다 포로들의 집단 거주지입니다. 그 위치는 아마도 텔아빕(3:15)이었을 것입니다. 바벨론 역사 기록에 의하면, 유다의 포로들은 유프라테스 강의 지류 정도였을 그발 강의 운하공사 현장에 투입된 것으로 보입니다. 유다의 기능공, 석수장이 등 기간기술 엘리트들이 바벨론 제국의 하부구조를 구축하는 데 동원된 것입니다. 이 그발 강가 운하공사에 동원된 유다 포로들의 고단한 삶을 스냅사진처럼 보여주는 글이 바로 시편 137편입니다.

우리가 바벨론의 여러 강변 거기 앉아서 시온을 기억하며 울었도다.
그중의 버드나무에 우리가 우리의 수금을 걸었나니
이는 우리를 사로잡은 자가 거기서 우리에게 노래를 청하며
우리를 황폐케 한 자가 기쁨을 청하고
자기들을 위하여 시온 노래 중 하나를 노래하라 함이로다.
우리가 이방에 있어서 어찌 여호와의 노래를 부를꼬.
예루살렘아, 내가 너를 잊을진대 내 오른손이 그 재주를 잊을지로다.
내가 예루살렘을 기억지 아니하거나
내가 너를 나의 제일 즐거워하는 것보다 지나치게 아니할진대
내 혀가 내 입천장에 붙을지로다.
여호와여, 예루살렘이 해 받던 날을 기억하시고 에돔 자손을 치소서.

저희 말이 훼파하라 훼파하라 그 기초까지 훼파하라 하였나이다.

여자 같은 멸망할 바벨론아,

네가 우리에게 행한 대로 네게 갚는 자가 유복하리로다.

네 어린 것들을 반석에 메어치는 자는 유복하리로다.

1-2절을 읽어 보기 바랍니다. 우리가 이 구절들을 읽기 전까지만
해도 "에스겔이 그발 강가에서 하늘이 열리는 경험을 했다"는 말은 그
다지 큰 의미를 던져 주지 못했습니다. '그가 산에 있지 않고 강가에
있었고, 강가에서 하늘 열림을 경험했다' 정도의 뜻밖에 되지 않았습
니다. 그런데 시편 137편을 함께 읽어 보니 좀더 입체적인 영상이 그
려집니다. 3절은 망국의 한을 안고 살던 유다 포로들의 애절한 슬픔을
보다 구체적으로 들려줍니다.

우리를 사로잡아 온 자들이 거기에서 우리에게 노래를 청하고,

우리를 짓밟아 끌고 온 자들이 저희들 흥을 돋우어 주기를 요구하며,

시온의 노래 한 가락을 저희들을 위해 불러 보라고 하는구나

(시 137:3, 새번역).

바벨론 정복자들이 유다의 포로들에게 시온의 노래를 불러 보라
고 명령한 이유가 무엇인지는 분명하지 않습니다. 정복자들이 자신들
의 무료함을 달래기 위해서였는지, 아니면 피정복민의 기세를 꺾어 놓
기 위해서였는지 알 수 없습니다. 어느 이유에서건 바벨론 정복자들이
시온의 노래를 요청한 것은 유다 포로들의 향수를 잔인하게 자극했을

것입니다. 그러나 유다 포로들은 정복자들의 요청을 거절한 것 같습니다. "우리가 어찌 이방 땅에서 주님의 노래를 부를 수 있으랴"(4절, 새번역). 5-6절까지 좀더 읽어 보겠습니다.

> 예루살렘아, 내가 너를 잊는다면,
> 내 오른손아, 너는 말라비틀어져 버려라.
> 내가 너를 기억하지 않는다면,
> 내가 너 예루살렘을
> 내가 가장 기뻐하는 것보다도 더 기뻐하지 않는다면,
> 내 혀야, 너는 내 입천정에 붙어 버려라(시 137:5-6, 새번역).

조국과 고향을 향한 사무치는 그리움이 읽는 이의 가슴을 두드리는 것이 느껴집니까? 에스겔이 얼마나 고향에 돌아가고 싶었으면 자신이 사로잡힌 해를 기점으로 시간의 경과를 자세하게 기록해 놓았겠습니까? 에스겔은 포로로 잡혀온 지 25년 되는 해까지의 영적 일기를 에스겔서에 남겨 놓았습니다. 회복될 이스라엘의 미래를 꿈꾸면서, 조국과 고향에 돌아갈 날을 손꼽아 기다리며 예언 일지를 적어 갔을 것입니다. 에스겔서는 1장부터 48장까지 에스겔의 25년 예언 비망록을 담고 있습니다.

바벨론 포로들의 가슴에는 돌아가고 싶은 조국의 산허리, 정겨운 고향 마을 언덕에 대한 애절한 향수 외에도 예루살렘의 멸망을 목도한 악몽 같은 기억도 남아 있습니다. 7-9절을 마저 읽어 보겠습니다.

주님, 예루살렘이 무너지던 그날에, 에돔 사람이 하던 말,

"헐어 버려라, 헐어 버려라. 그 기초가 드러나도록 헐어 버려라" 하던

그 말을 기억하여 주십시오.

멸망할 바빌론 도성아,

네가 우리에게 입힌 해를

그대로 너에게 되갚는 사람에게, 복이 있을 것이다

(시 137:7-8, 새번역).

여기서 한 가지 번역상의 문제를 지적하고자 합니다. 8절 머리 부분에 "여자 같은 멸망할 바벨론아"(개역성경)라는 표현이 있습니다. 이것은 좋지 못한 번역입니다. "여자 같은 바벨론아" 대신에 "멸망할 딸 바벨론아"로 옮겨야 합니다. 고대 사회에서는 대부분의 명사를 남성 또는 여성으로 표시했는데, 도시와 땅은 생산성을 상징했기 때문에 여성형을 썼습니다. 스가랴 9:9에 "시온의 딸아"라는 표현도 마찬가지입니다. "딸 시온아"라고 번역해야 합니다. 개역성경의 "여자 같은 바벨론"이라는 번역은 남존여비를 당연시하던 유교문화에 찌든 사람에게는 문제가 없을지 모르지만, 그래서는 안됩니다.

여기서 바벨론이 저주의 대상이 되고 있는 것은 분명한 사실입니다. 바벨론 제국 전체를 향한 저주문입니다. 왜 이 같은 저주 기원문이 터져 나오는 것입니까? 바벨론 정복자들이 무슨 잘못을 저질렀습니까? 아마도 아이 밴 유다의 여자를 바벨론의 정복자들이 그 남편 보는 앞에서 메어쳐 죽였던 것 같습니다. 그래서 해를 당한 만큼 동일하게 보복한다는 법칙을 적용하는 것 같습니다(출 21:23 참조). 아무리 부드

럽게 읽어도 9절은 거친 보복의 감정이 끓어오르는 현장임을 부인할 수 없습니다. 시편은 보복 윤리를 명령하거나 장려하지 않지만, 보복 감정의 표출은 허용하고 있습니다. 보복 기도문은 보복 행위와 차원이 다릅니다.

에스겔이 거주하던 그발 강가에서 이처럼 참혹한 일들이 벌어지고 있었습니다. 그 그발 강가에서, 그토록 참혹한 일들이 벌어지는 한가운데 멸망당한 조국의 비애를 온몸으로 느끼고 있던 제사장 에스겔에게 하늘이 열린 것입니다. 본문을 자세히 읽어 보면, 그가 왜 자신을 제사장이라고 하는지 더 잘 이해할 수 있습니다.

에스겔이 포로로 끌려올 때 나이는 스물 다섯이었습니다. 예루살렘에 있었다면 제사장직 수습을 시작했을 나이입니다. 당시 예루살렘 성전 체제에 따르면, 스물 다섯에 수습 제사장직 봉사일을 시작하여 서른 살에 정식으로 보수를 받는 제사장이 되었습니다. 그는 스물 다섯에 포로로 붙잡혀 왔기 때문에 서른이 되어 빨리 예루살렘으로 돌아가 성전의 제사장 직분에 나아갈 열망을 안고 포로 일지를 기록했는지도 모릅니다. 그래서인지 에스겔서에는 에스겔이 "답답하게 지냈다"는 표현이 빈번하게 나타납니다. 스트레스를 받으며 지냈다는 말입니다(겔 3:15). 에스겔 1:1을 약간 고쳐 읽으면 이런 뜻이 됩니다. "서른 살 되던 해 나는 운하공사가 한창인 그발 강가에서 정복자의 쉴 없는 학대와 조롱 가운데 절망하는 동포들을 위해 난민 목회를 하고 있었다. 참으로 엄청난 스트레스를 받으며 지내고 있었다."

에스겔서 전체를 읽어 보면, 에스겔이 하늘이 열리는 경험을 하기 전에도 제한적인 의미에서 포로민 난민 목회를 하고 있었던 것으로 보입니다. 포로살이 중에 장로들이 에스겔의 집을 빈번하게 방문해 하나님의 신탁을 묻곤 했습니다(14장, 20장). 또 에스겔은 포로민들 공동체에서 "노래 잘 하는 자"(예배 찬양 인도자)로 불리고 있었습니다. 전체적으로 볼 때, 그는 머리를 기른 채 제사장 두건에 제사장 제복을 입고 제사장 역할을 하고 있었을 것입니다. 에스겔이 난민 목회를 하고 있었다는 추론을 뒷받침하는 실마리가 24장에 나옵니다. 에스겔은 자기 아내의 죽음을 보고도 울지 못합니다(24:16-17). 자기 아내의 죽음 앞에서 울지도 못하고 애도도 못하는 이유는, 아내의 죽음보다 훨씬 더 슬픈 일을 이미 너무 많이 경험했기 때문입니다. 또 다른 이유는 그가 제사장이었기 때문입니다. 레위기 22:4-6은 제사장과 시체와의 접촉, 제사장의 장례 참석을 금지하고 있습니다. 제사장은 자기 아내가 죽어도 슬픔을 공적으로 표시내지 못하도록 억제당한 사람입니다. 에스겔은 개인적으로 이렇게 참혹한 절망을 경험했습니다. 조국이 무너지고, 아내와 사별하고, 제사장으로 섬길 희망마저 깨어진 것입니다.

젊은 여러분과 저는 나라가 망하는 경험을 해보지 못했습니다. 공동체가 망할 수 있다는 생각은 거의 하지 않습니다. 우리 아버지 세대는 공동체가 망할 수 있다고 믿기 때문에 보수적입니다. 한번 나라의 멸망을 경험한 어른 세대의 머리 속에는 "어떻게 하든지 나라가 망하지는 말아야 한다"는 생각이 가장 중요한 주제입니다. "나라의 안전보장"에 대한 우리 아버지 세대의 집착은 역사적인 상처가 남긴 후유증이라고 보아야 합니다. 나라가 망할 수도 있다는 그 악몽 같은 경험이 재현되지 않도록 보수적으로 생각하는 어르신들의 행동이 젊은이들 보기에 도무지 말도 안되는 것이지만, 그분들의 역사적 경험에서는 말이 됩니다. 공산주의에 대한 적개심과 두려움은, 성숙하게 해석되지 못한 면이 있으나 체험적으로는 절실한 역사적 악몽 경험에서 연유합니다. 따라서 우리는 어른 세대의 피해 의식과 안보에 대한 불안을 이해할 수 있는 젊은이가 되었으면 합니다.

지금 말씀을 듣는 젊은 여러분은, 우리나라의 국운이 융성하게 일어날 때 태어났습니다. 자신감에 찬 국운의 후광을 입고 태어난 셈입니다. 여러분은 태어나자마자 컬러 텔레비전을 보았을 겁니다. 지금 젊은이들은 대부분 아버지가 자가용을 모는 시대에 태어났을 겁니다. 우리 젊은 사람들은 우리나라의 국력이 엄청나게 뻗어 가고 거대한 민족주의 열기가 솟구칠 때 태어난 사람들이라 밝고 자주적이며 자신의 목소리를 당당하게 내는 세대입니다. 그렇기 때문에 한미동맹이나 북한 문제에 대해 어른 세대와 의견이 많이 다릅니다. 그러나 우리 아버지 세대를 포함해 윗세대의 어른들은 황토빛 가난을 딛고서 초라하고 왜소한 조국을 일구어 간신히 살아남은 사람들입니다. 나라가 멸망했거나 멸망될 위기를 헤쳐 나온 세대라는 것입니다. 제가 이런 말을 하는 이유는, 만일 우리 시대에 세대 갈등이 있다면 이것은 나라 멸망의 경험 유무에서 비롯된 바가 적지 않다는 말을 하고 싶기 때문입니다. 어떤 의미에서 에스겔은, 자아에 대한 강력한 자존감과 낙관적인 기대를 가진 세대가 이해하기 어려운 인물일 수 있습니다. 그는 공동체와 개인의 운명이 얼마나 깊게 결속되어 있는지를 극명하게 보여준 인물입니다.

에스겔은 한 나라가 망할 때 그 안에 속해 있는 개인이 얼마나 대책 없이 산산조각 나는지를 뼈저리게 경험한 사람입니다. 그는 절망의 진수를 맛본 사람입니다. 절망이 무엇입니까? '나'라는 개인이 아무리 몸부림치고 애써도 나를 에워싸고 있는 공동체가 망할 때 내가 함께 망하는 경험입니다. 내가 통제할 수 있는 한계 밖에서 밀려오는 대재난이 바로 절망입니다. 1997년 IMF 구제금융 시절, 우리나라의 숱한 기업들이 줄도산하고 파산을 당했습니다. 대기업들이 은행 결제 만기일에 현금을 갚을 길이 없었고 은행은 국제금융기관에 갚을 자금이 없었습니다. 그래서 대기업들이 도산했습니다. 도산하는 대기업의 어음 불이행 때문에 중소기업들도 도미노처럼 쓰러졌습니다. 결국 엄청난 사람들이 직장을 잃고 기아선상으로 내몰리게 된 것입니다. 공동체의 절망은 그 구성원의 개인적 절망 안에서 극에 달합니다. 에스겔은 그런 절망을 경험한 것입니다. 하지만 에스겔은 "하늘의 열림"을 경험함으로써 땅의 절망을 초극했습니다. 그는 땅에서 잃고 하늘에서 얻습니다. 이것을 어설픈 형이상학으로 착각하면 안됩니다. 그는 땅의 절망을 포섭하고 용해시켜 버릴 만큼 강력한 희망과 신앙에 눈을 뜸으로써, 땅의 흑암을 돌파한 자가 된 것입니다.

기독청년들을 위한 "하늘의 열림"

청년 여러분, 지금 절망 속에서 허우적거리고 있습니까? 이 절망을 돌파하는 신앙을 갖는 것이, 세속적으로 출세하고 성공하는 것보다 훨씬 더 중요합니다. 정말로 필요한 것은, 한번에 고등고시를 합격하는 것이 아니라, 고시에 합격하지 못했을 때에라도 다시 재기할 수 있는 복원력을 갖추는 것입니다. 실망하는 마음을 다스릴 수 있는 능력이, 곧바로 이기는 자나 성공한 자가 되는 것보다 더 위대한 능력입니다. 정말 중요한 것은 1등 하는 것이 아니라 실망스런 등수를 받았을 때 찾아오는 허탈감을 달랠 줄 아는 능력을 갖는 것입니다. 대학에 입학하자마자 캠퍼스 커플이 되는 것이 중요한 게 아니라, 바람맞고도 자살하지 않으며 수없이 차이고도 다음날 학교에 갈 수 있는 강고한 정신이 필요합니다. 107번째 이력서를 넣어 퇴짜를 맞고 108번째 이력서를 쓰면서도, 하염없이 내리는 가을비를 웃으며 음미할 수 있는 강한 정신이 필요한 것입니다. 해고되는 순간이 지옥이 아닙니다. 에스겔은 예루살렘 성전 제사장 직분은 얻지 못했으나 하늘 성전의 예언자가 되지 않았습니까? 작년에 퇴직당한 사람이 아직 퇴직당하지 않고 남아 있는 사람보다 더 불행하다고 생각하면 안됩니다. 구조조정의 태풍이 지난 후 직장에 남아 있는 사람도 지옥 내지 연옥의 고통을 겪고 있습니다.

지금 한국은 신자유주의라는 무한 경쟁의 살기에 휩싸여 있습니다. 신자유주의는 국제 자본의 운동을 원활하게 하기 위해 세계를 단일시장으로 만들어 기업들의 자유 경쟁을 부추기는, 거의 무한 경쟁의 경제 논리입니다. 신자유주의는 인간 공동체의 안녕과 복지, 배려와 절제를 도외시한 채 달려가는, 인간의 경쟁심과 탐욕을 무제한으로 긍정하는 이데올로기입니다. 한국 사회에는 지금 거대한 압박이 일어나고 있습니다. 폭발 직전의 용암처럼 절망적 탄식이 끓고 있습니다. 고도의 경쟁심과 경쟁 열기가 초등학교와 중고등학교, 기업체, 시민사회 전체를 지배하고 있습니다. 답답한 그발 강가의 포로수용소 같은 전방

위적 스트레스가 폭발하고 있는 것입니다. 이때 심장이 약한(어쩌면 강한) 사람들은 자살로 맞대응하고, 심장이 강한(어쩌면 약한) 사람들은 생계형 범죄를 저지르며 이 무서운 생존 위기를 넘겨 보려고 합니다. 그 속에서 인간성이 마모되고 훼손됩니다. 경제 전문가들은 매년 수십만 개의 일자리가 만들어지지 않으면 청년 실업문제가 극복되지 않을 것이라고 말합니다. 매년 20만 개의 일자리가 만들어지려면 연 10퍼센트의 고도성장을 해야 합니다. 지금보다 서너 배 더 성장해야 한다는 논리입니다. 그런데 어떤 선진국도 10퍼센트 대의 경제성장을 할 수 없습니다. 일단 선진국이 되면 저성장국가가 됩니다. 이것이 정상적인 현상입니다.

그러면 어떻게 살아야 청년 실업이 극복됩니까? 여러 가지 대안들이 쏟아지고 있지만 그 어느 것도 만족할 만한 것이 못됩니다. 분명한 것은, 우리나라 청년들도 이미 그발 강가와 같은 현실과 마주해 있다는 것입니다. 이런 문제는 우리가 노력한다고 완전히 해결되는 것도 아니고 좋은 정권이 들어선다 해도 온전히 해결될 문제가 아닙니다. '고용 없는 성장'(jobless prosperity)은 이제 한국만의 문제가 아니라 전 세계의 문제이기 때문입니다.

고도의 기술 집약적 산업이나 전자동체계가 도입된 분야는 다수의 인적 자원에 의존하지 않는 산업이 되었습니다. IT 산업이라는 것도 기술 집약적 산업이기 때문에 많은 인력을 필요로 하지 않습니다. 이에 반해 고용을 가장 크게 확대하는 산업은 농업입니다. 우스꽝스럽고 역설적으로 들릴지 몰라도, 생태환경 사상가들은 산업혁명 이전처럼 1차 산업으로 돌아가야 완전 고용이 이루어진다고 합니다. 경청할 만한 이야기입니다. 생명을 살리는 농업은 멸시를 당하는 반면에, 농촌을 배반하고 들어선 도시문명은 죽음의 기운을 띠며 솟아오르고 있습니다. 도시문명의 총아인 3차 산업으로 갈수록 고용은 훨씬 줄어들게 되고, 몇 사람의 승리자를 뺀 나머지는 모두 "따라지" 의식으로 살아가야 합니다. 따라서 이런 현실에서 대부분의 사람들은 승리자가 될 확률보다는 패배자가 될 확률이 높습니다. 우리가 몸담고 사는 세상은 자신의 인생이 순식간에 시궁창 아래로 굴러 떨어졌다고 느끼는 사람들을 양산하는 곳입니다.

이런 현실에 정말로 필요한 것은 무엇이겠습니까? 무한히 강한 자가 되는 것이겠습니까, 아니면 패자가 되었을 때 자신의 인생 설계대로 진행되지 않은 현실에도 굴하지 않고 재기할 수 있는 복원 시스템을 갖추는 것이겠습니까? 후자가 더욱 절실하게 필요한 것입니다. 한때 유다의 명문 귀족가의 자손인 에스겔은 스물 다섯의 나이에, 제사장 수습 봉사직을 시작해야 할 그 나이에 성전이 파괴되고 자기 직장이 송두리째 불타는 것을 목도하지 않았습니까? 첫 포로생활 5년간 집에 돌아가고 싶어 하루하루 손꼽아 가며 일기를 썼건만, 정확히 다섯 해가 지날 때까지 그에게는 어떤 희망적인 일도 일어나지 않았습니다. 이것이야말로 비극이요 절망 아닙니까? 그러나 에스겔이야말로 자신의 설계대로 진행되지 않은 인생의 한복판에서 복원 시스템을 갖추며 재기한 사람입니다. 그는 자신의 불행한 현실과 비극적 절망을 "하늘의 열림"으로 초극한 인물입니다. 자신의 인생 설계대로 추진되지 않고 전혀 엉뚱한 길로 일탈하는 인생을 부여잡고 다시 한번 일어설 수 있는 용기, 이것이 에스겔 신앙의 정수입니다. 자신의 젊은 야심이 산산이 부서져 허공에 흩어졌을 때를 대비하는 강고한 신앙입니다.

『이반 데니소비치의 하루』의 주인공 이반 데니소비치는 10년 징역형을 선고받고 복역합니다. 그런 이반 데니소비치에게 하루는 매우 중요합니다. 하루를 소중하게 보냄으로써 10년의 감옥생활을 비인간화되지 않고 이겨 낼 수 있기 때문입니다. 그에게는 비록 감옥 안이라 하더라도, 자신의 일을 존중하고 자신 스스로를 소중히 여기며 희망을 발견하면 10년도 능히 견딜 수 있다는 믿음이 있습니다. 자살하지 않고 하루를 견디면, 인간의 고귀함과 존엄성을 지키기 위해 욕설 안하고 동료 죄수와 싸우지 않으면 승리할 수 있습니다. 그래서 하루가 중요합니다. 이 하루를 이기지 못하고 "아이고, 죽어 버리자" 하면 죽는 것이고, 하루 동안 인간의 존엄성을 지키고 남에게 약간의 도움을 베풀면 사는 것입니다. 이것이 솔제니친이 파악한 절망을 넘어서는 일상의 실험이었습니다.

『이반 데니소비치의 하루』에 등장하는 죄수들은 절망하지 않고 감옥생활을 견디기 위해 매우 사소해 보이는 노력을 합니다. 첫째, 전에는 "아이고, 죽어 버리고 싶다"고 넋두리하며 빈 그릇을 핥던 사람들이, 이반 데니소비치의 격려로 하루의 의미를 깨닫고 배가 좀 고파도 밥을 나눠 먹으려고 합니다. 더 먹기 위해서 빈 그릇을 핥지 않을 뿐 아니라 콩알 하나라도 나눠 먹는 동료애를 발휘합니다. "나와 같이 죄수생활하는 이 사람들이 내게 사랑스러운 존재가 돼야 내가 더 기쁘다"는 것을 깨달은 것입니다. 둘째, 죄수들은 이후로 밥 먹을 때 수갑을 찬 손으로 서로의 모자를 벗겨 줍니다. 수갑을 차고 모자를 벗기란 어렵습니다. 그래서 동료의 모자를 벗겨 주는 것은 작지만 의미 있는 친절인 것입니다. 셋째, 좋은 보직을 혼자 차지하려 하지 않고 자신이 맡은 보직에 자족하기로 합니다. 교도소에도 보직이 있는데 도서관 사서나 세탁소 업무 등은 자기가 감옥에 있는 줄을 잊어버릴 만큼 좋은 보직입니다. '쇼생크 탈출'이라는 영화를 보면, 도서관 사서로 일하던 노인 죄수가 자유의 몸이 되어서는 식료품 가게에서 하루 종일 물건을 종이봉투에 담아 주는 일을 합니다. 그는 그 일이 너무 의미 없다고 여겨 마침내 자살하고 맙니다. 그 노인은 감옥 안에서는 자신의 일에 자부심이 있었고 의미 있는 인간관계 속에 살았습니다. 자유의 몸이 되었으나 식료품 가게의 단순 노무직은 그로 하여금 의미 있는 인간관계를 상실하게 했던 것입니다. 과연 이반 데니소비치의 지도력 아래 죄수들은 자신의 보직을 가지고 자신의 인간적 존엄을 고양시키도록 격려받았습니다. 이반 데니소비치는 고된 석수장이 일을 하다가도 하루의 절망을 견디기 위해 '자아존엄성'(self-dignity)을 늘 확인합니다. "나는 살 만한 가치가 있다"는 것을 스스로에게 확인시킵니다. 이반 데니소비치는 동료애를 유지하고 빈 그릇을 핥지 않음으로써 교도관의 존경심을 불러일으키며 즐거운 마음으로 석수장이 일을 계속합니다. 일을 하다 보니 기술이 점점 늘어갔고 돌 깨고 다듬는 일 자체가 너무 재미있게 되었습니다. 자신이 있는 곳이 감옥인 것도 잊어버릴 정도가 되었습니다. 그렇게 감옥생활의 절망을 견뎌갑니다.

이것은 무엇을 의미합니까? 새로운 관점으로 현실을 재해석할 때 전혀 다른 차원의 의미를 발견하게 된다는 것입니다. 우리를 자살로 몰아갈 만큼 절박한 현실을 견딜 수 있는 길은 그 절망을 분석하고 그 절망 너머의, 절망의 이면을 통찰하는 것입니다. 사물과 사태의 표면만 보지 말고 이면을 바라봐야 합니다. 포로생활의 외면은 절망인데 그 이면에는 하나님이 예비한 새로운 현실이 있다는 것입니다. 에스겔에게 하늘이 열리는 경험이 알찬 것은, 자신의 인생을 파산·상실·절망의 코드로만 읽지 않고, 창조적 해체·하나님의 세계 통치에 대한 새로운 눈뜸·자신의 새로운 사명 발견의 관점으로 보았기 때문입니다. 그는 포로살이라는 절망의 무게를 견디고 살아남아야만 하는 이유를 발견한 것입니다. 하늘이 열리면서 하나님의 불전차 보좌를 목격했기 때문입니다. 유다는 망해도 하나님 나라, 하나님의 보좌에는 이상이 없다는 것을 깨달았기 때문입니다. 이스라엘의 하나님이 살아 계시다면 이스라엘에게도 미래가 있다는 것을 깨달은 것입니다. 자신을 포함한 유다 포로들이 이스라엘의 창조적 해체라는 역사적 과도기의 증인인 것을 확신하게 된 것입니다. 그 결과, 그는 회복과 부흥의 예언자로 거듭 태어났습니다. 에스겔은 바벨론 포로살이의 의미를 발견한 후에 절망을 극복하는 데 머물지 않고, 회복과 갱생을 외치는 예언자로 성장한 것입니다.

불전차 보좌 위에 앉아 계신 하나님

에스겔은 어디에서 하나님 백성의 미래를 보았습니까? 하늘이 열린 후 거룩하게 가열된 불전차 위에 실려 있는 하나님의 보좌에서 이스라엘의 미래를 보았습니다. 이 하나님의 이동식 불전차 보좌가 에스겔이 서른 살에 "본" 이상의 핵심입니다. 하늘이 열렸다는 말은 "하나님의 이상이 계시되었다"는 뜻입니다. "이상"(異象)은 히브리어로 '호제'(hozeh, '보다'는 뜻의 동사 hazah에서 파생)입니다. 영어로는 'vision', 곧 "보여진 것"을 의미합니다. "이상"이라는 말에는 '보다'라는 동사의 어간이 들어 있는 것입니다. 그러므로 "하나님의 비전이 보였다"는 말은 '하나님이 보여주시는 것을 보여주셨다'는 말입니다. 다른 말로 하면 '하나님의 관점이 내게 알려졌다'는 뜻입니다. 하나님 방식으로 역사와 인생을 바라보는 눈이 '열렸다'는 뜻입니다. 그런데 "이상"(異象)을 받으면 사람이 "이상"(異常)해집니다. 하나님이 사물을 바라보는 방식으로 사물을 바라보면, 세상 사람들의 눈에는 기이하게 보이기 때문입니다. 태산같이 무거운 절망도 대양같이 깊은 한숨도 하나님의 가장 작은 저울에 달아 보면 아무것도 아닌 것이 됩니다. 이사야 40:12 이하를 읽어 보십시오.

누가 손바닥으로 바다 물을 헤아렸으며 뼘으로 하늘을 재었으며 땅의 티끌을 되에 담아 보았으며 명칭으로 산들을 간칭으로 작은 산들을 달아 보았으랴……보라, 그에게는 열방은 통의 한 방울 물 같고 저울의 적은 티끌 같으며 섬들은 떠오르는 먼지 같으니(사 40:12, 16).

"대양의 물방울도 나의 간칭과 명칭 앞에서는 한 방울 물이 되고 저 태산도 나의 간칭과 명칭에 달아 보면 먼지처럼 작아진다"는 말입니다. 간칭(杆秤)과 명칭(皿秤)이 무엇인지 알고 계십니까? 경동시장에서 약재상들이 쓰는 작은 저울입니다. 감초나 계피 같은 비싼 약재들의 무게를 잴 때 약재상들이 사용하는 저울이 바로 간칭과 명칭입니다. 하나님의 가장 작은 저울에 달아도 거대한 대양과 산과 바다는 먼지처럼 작아집니다. 인간이 볼 때 엄청나게 절망적인 산도 하나님의 저울 앞에서는 먼지처럼 작아진다는 것입니다. 이것이 바로 "하나님의 이상을 내게 보인다"는 말의 뜻입니다. 이것이 바로 하나님의 관점에서 사물을 바라보는 것입니다. 이것이 바로 하늘이 열리는 경험입니다.

여러분에게 이런 하나님의 이상이 보이기를 바랍니다. 이것이 보이면 삽니다. 이것이 보이지 않으면 죽습니다. 사랑하는 청년 여러분, 사물을 어떻게 봐야 하겠습니까? 보는 것이 매우 중요합니다. 마태복음 6:22-23을 보면 보는 일이 정말로 중요한 것임을 알게 됩니다.

> 눈은 몸의 등불이니 그러므로 네 눈이 성하면 온몸이 밝을 것이요 눈이 나쁘면 온몸이 어두울 것이니 그러므로 네게 있는 빛이 어두우면 그 어두움이 얼마나 하겠느뇨(마 6:22-23).

"눈" 대신에 '관점'이란 말을 넣어서 읽어 봅시다. "관점은 몸의 등불이니 그러므로 네 관점이 성하면 온몸이 밝을 것이요 관점이 나쁘면 온몸이 어두울 것이니 그러므로 네게 있는 빛이 어두우면 그 어두움이 얼마나 하겠느뇨." '인생관'이란 말로 바꿔 읽어 봅시다. "인생관은 몸의 등불이니 그러므로 네 인생관이 성하면 온몸이 밝을 것이요 인생관이 나쁘면 온몸이 어두울 것이니 그러므로 네게 있는 빛이 어두우면 그 어두움이 얼마나 하겠느뇨."

여러분은 어떻습니까? 상황을 잘못 보고 자기에게 불리하게 해석해 미리 절망하십니까? 미리 절망하면 안으로부터 죽음의 권세가 역사한다는 것을 알고 있습니까? 안에서 절망해 서서히 붕괴되어 죽을 수 있는 존재가 바로 인간이란 것을, 여러분은 알고 있습니까? 인간은 그런 존재입니다. 인간은 고도로 주관적인 존재이기 때문에, 누가 보더라도 절망할 이유가 없고 소생할 기회가 있는데도 절망하면 죽어 버리는 존재입니다. 최근 우리 사회에 자살로 인생을 마감하는 사람들이 급증하고 있습니다. 호흡이 짧은 인생관의 영향 때문입니다. 그래서 "아! 이건 내가 감당할 수 없는 상황이야. 극복할 수 없어. 자살로 맞절하자"고 말해 버립니다.

몇 년 전 조류독감이 퍼져 재난이 닥쳤을 때, 양계업자들 가운데 두 가지 반응이 있었습니다. 절망하는 사람과 절망하지 않는 사람으로 나뉘었습니다. 전라도의 어떤 양계장 주인은 "아이고, 죽었다"고 외치며 자살했습니다(2014년 2월 6일, 김제 양계농). 닭과 함께 죽었습니다. 하지만 절망을 전화위복의 기회로 바꾼 역전의 주인공도 나타났습니다. 이들에게는 한국 사람의 심성에 너무나 걸맞은 기상천외한 방안이 떠올랐는데, "이 닭고기 먹다가 조류독감 걸리면 20억 보상"이라는 제안이 바로 그것이었습니다. 소위 '닭고기 로또'였습니다. 많은 사람들이 20억 당첨자가 되기 위해 다시 닭고기와 오리고기를 먹기 시작했습니다. 닭고기 값은 곧 정상화됐습니다. 여러분, 지금 어렵다고 하는 상황은 종결된 상황이 아닙니다. 인간에게는 종결된 상황이지만 하나님에게는 종결된 상황이 아닙니다. 우리 인간은 3차원적 존재이기에 X·Y·Z 공간축만 압니다. 그러나 하나님에게는 하늘의 차원, 곧 4차원이 남아 있습니다. 아니, 하나님에게는 무한 차원의 가능성이 열려 있습니다. 전후좌우가 다 닫혀도 어느 곳이 열리면 해결됩니까? 하늘이 열리면 됩니다. 하나님이 우리에게 개입할 수 있도록 기회를 드리기만 하면, 우리가 종결된 상황이라고 믿는 이 절박한 현실도 새롭게 해석될 수 있고 변형될 수 있는 것입니다. 하늘이 열리면, 죽는 길 외에는 남아 있지 않다고 소리치는 절망의 음성을 이길 수 있는 것입니다.

사랑하는 형제자매 여러분! 여러분은 정말로 강고한 정신의 힘을 원하십니까? 그것은 하늘이 열리는 묵시의 경험에서 창조됩니다. 전후좌우가 꽉 막혔다고 생각하는 분은 하늘의 이상(vision)을 기대하시기 바랍니다. 하나님의 관점으로 상황과 사물을 새롭게 재해석할 수 있기 바랍니다. 무엇이 참으로 실재적이며, 무엇이 참으로 영구적입니까? 어떤 것이 흔들리지 않는 기반을 갖고 있습니까? 하나님께서 역사의 주관자라는 사실이 더 항구적이고 영속적인 현실입니까, 아니면 바벨론이 세계를 떡 주무르듯 하는 현실이 더욱 항구적이고 영속적인 현실입니까? 바벨론 제국의 깃발이 세계사에 영원히 펄럭이는 것이 영속적인 현실입니까, 하나님 나라의 무궁한 통치가 영원한 현실입니까? 어느 것이 더 오래 가는 현실입니까? 바벨론의 패권주의가 오래 갑니까? 하나님의 영원한 보좌가 역사 안에 오래 남습니까? 어느 것이 여러분에게 더 영향을 끼칩니까? 오직 하나님의 보좌, 하나님 나라가 여러분 인생의 기준점입니다.

에스겔에게 특별히 임한 하나님 말씀

에스겔이 포로로 잡혀 올 때 유다 왕 여호야긴도 사로잡혀 왔습니다.

그래서 에스겔은 유다 왕위가 비어 있다고 생각했습니다. 처음에는 그 사실이 그에게 절망이었을 것입니다. 물론 당시 유다에는 시드기야라는 왕 같지 않은 왕이 보좌에 앉아 있었습니다. 그런데 포로로 잡혀 온 모든 사람들은, 그가 아니라 여호야긴을 왕으로 간주했습니다. 에스겔은 시드기야를 왕으로 절대 인정하지 않았습니다. 그렇기 때문에 에스겔이 볼 때 지금 유다에는 왕이 없는 것이나 마찬가지입니다. 그는 여호야긴 왕이 포로로 잡혀 온 시점을 기준으로 역사적 시간의 경과를 계산했습니다. 에스겔이 보기에 유다에는 왕이 없고 나라는 망했기 때문에 무정부 상태나 다름없었습니다. 유다에는 왕이신 하나님의 다스림과 돌보심을 매개할 왕이 없었기에 더 이상 하나님의 통치를 받을 수 없다고 생각했을 것입니다. 이런 생각들이, 그가 하늘이 열리는 경험을 하기 전에 사로잡혀 있던 절망의 관점이었습니다. 그러나 포로 생활 5년 만에 하나님이 예루살렘 성전 대신, 하늘의 성소에 에스겔을 불러들이신 것입니다. 하늘 성전을 일터로 열어 주신 것입니다. 에스겔이 예루살렘 성전에 있었다면 절대로 경험할 수 없었을 묵시, 더 깊은 하나님의 세계를 보여주셨던 것입니다. 상실이 때로는 얻음의 앞잡이가 되기도 합니다. 여러분, 때때로 더 좋은 것은 덜 좋은 것이 망했을 때 옵니다. 지금 실연당해 그저 죽고 싶은 사람이 있습니까? 정말로 더 좋은 연인이 나타날 것을 믿으시기 바랍니다. 최선의 것은 차선의 것이 없어지고 나서야 나타나는 것입니다. 우리 인생은 종종 그런 경험을 하게 됩니다.

에스겔은 예루살렘의 돌로 된 성전이 무너진 후에, 오히려 하늘 성소를 출입하는 예언자가 되었습니다. 예루살렘의 돌로 된 성소가 무너져 직장을 잃었지만 하나님의 묵시가 열리면서 새 일터를 얻은 것입니다. 하나님의 불전차 보좌가 나타나면서 에스겔의 인생은 하나님의 불전차 보좌 위로 끌려 올라가는 놀라운 역사를 경험합니다. 하나님의 말씀을 대언하는 예언자로 새롭게 태어난 것입니다.

> 갈대아 땅 그발 강가에서 여호와의 말씀이 부시의 아들 제사장 나 에스겔에게 특별히 임하고 여호와의 권능이 내 위에 있으니라(겔 1:3).

여기서 "말씀이 임한다"는 것과 1절의 "하나님의 이상을 보이셨다"는 것은 같은 사건을 가리킵니다. 이사야 1:1과 2:1, 아모스 1:1 등 많은 예언서의 구절들이 "이상"과 "말씀"(다바르)을 동일시하고 있습니다. 이 구절들에는 "하나님의 말씀을 보다"라는 표현이 나옵니다. 말씀을 '듣다'라고 해야 할 것 같은데 '보다'라고 합니다. 그것은 무엇을 의미합니까? 예언자들은 자신의 공동체 안팎에서 일어나는 일련의 사건과 맥락, 그리고 그것을 에워싸고 있는 환경 전체가 하나님의 말씀이라고 보았다는 것입니다. 눈앞에 전개되는 일련의 현실과 여러 사건들이 하나님 말씀, 곧 하나님의 의도를 전달하는 도구라는 것입니다. 그래서 하나님 말씀을 '듣는다'고 하지 않고 하나님 말씀을 '본다'고 한 것입니다.

에스겔에게 임한 하나님 말씀은 어떻게 임했습니까? 특별히 임했습니다. 그런데 "특별히 임했다"는 말은 히브리 성경 원전에는 없는 말입니다. "특별히 임했다"고 표현된 히브리어 구문은 "하요 하야 드바르 아도나이 엘 에헤즈키엘"입니다. '하요'(hayoh)라는 말은 '하야'(hayah, 일어나다, 발생하다, 임하다)라는 동사의 부정사 절대형으로, 본동사 앞에 사용될 때 '정녕' '진실로' '확실하게' 정도의 뜻을 갖습니다. 따라서 야웨의 말씀이 "정녕" 에스겔에게 임했다는 것을 의미합니다. 하나님의 의사소통(말씀 사건)이 확실하게 에스겔에게 임했다는 말입니다. 그 구문을 개역성경이 하나님의 말씀이 "특별히 임했다"고 번역한 것입니다. 여기서 이 표현은 '하나님의 말씀이 저항할 수 없을 만큼 강력하게 임했다'는 의미를 전달합니다. 하나님 말씀이 임해야만 하늘이 열린다는 것입니다.

"하늘이 열린다"는 것은, 홍해의 깊은 바다가 그 깊은 바닷속을 드러내듯 하나님의 말씀이 깊고 신묘한 하나님의 관점을 펼쳐 보인다는 뜻입니다. 하나님 말씀의 깊은 진리가 눈앞에 펼쳐져서 하나님의 관점이 우리 속으로 스며드는 것입니다. 하나님 말씀을 새롭게 공부하고 세상 현실을 창조적으로 재해석하되, 하나님의 다스리심을 절대상수로 두고 세상의 여러 세력들과 변수들을 상대화시키는 것이 하늘이 열리는 경험의 핵심입니다.

그러므로 하나님 말씀을 봉인해서 들고 다니지 마십시오. 하늘을 여는 열쇠가 그 안에 있습니다. 하나님 말씀은 각 사람에게 구체적으로 그리고 강력하게 임합니다. 하나님 말씀이 진정 하나님 말씀이라면 그 말씀을 듣는 사람들을 능히 도울 수 있을 정도로 구체적으로 임합니다. 선한 기대를 가지고 말씀을 펼치는 사람은 항상 특별하게 임하는 말씀을 경험하게 됩니다. 선한 기대가 없는 사람은 실로 엉뚱하게 말씀을 해석하여 상처 받습니다. 우스개 소리가 있습니다. 어떤 사람이 갑자기 하나님의 뜻을 구하려고 말씀을 펼쳤더니 "유다가 목매어 죽은지라"는 말씀이 눈에 들어 왔답니다. 그 사람은 그럴 리가 없다며 당황해 하며 머리를 부여잡고 다시 말씀을 펼쳤는데 클로즈업 된 말씀은 "왜 머뭇머뭇 하느냐"였습니다. 마지막으로 한번 더 무작위로 말씀을 펼쳤더니 "어서 속히 행하라"는 말씀이 보였다는 것입니다. 이같은 경우는 하나님의 말씀에 부딪힌 것이 아니라 자의적 성경 읽기의 전형적인 예라 보아야 할 것입니다.

하지만 하나님의 말씀이 임하기를 기대하는 마음으로, 하늘이 열리기를 기대하는 마음으로 읽으면 이야기는 달라집니다. 전후좌우가 막힌 답답한 상황에서 말씀을 펼쳐들 때, 그 말씀은 진실로 하늘이 열리는 경험을 가져다줍니다. 인간의 언어로는 "하늘이 열린다"고밖에 표현할 수 없는 새로운 묵시의 세계가 열립니다. 하나님은 어제나 오늘이나 동일하시기 때문에 아브라함에게 임한 말씀이 지금 여기 우리에게도 임할 수 있습니다. 이것을 믿는 것이 진짜 믿음입니다.

그러므로 어떤 사건을 만날 때 그 사건이 말씀으로 해설되지 않는다면 그것은 참 애매모호한 사건으로 남게 될 것입니다. 어떤 사건을 만날 때, 그것이 무슨 의미가 있는지 궁리하는 사람에게는 하나님의 말씀이 해설처럼 따라 올 수 있습니다. 평소에 말씀을 읽고 묵상하는 사람에게는 차량 접촉사고만 내도 그 의미를 해명하는 말씀이 들려오게 되어 있습니다. 평소 말씀을 읽고 묵상하는 사람들은, 된장국을 끓이다가 손가락이 데어도 해설 말씀이 들려올 수 있습니다. 하지만 평소에 하나님 말씀을 묵상하지 않는 사람은, 아브라함에게는 꿈에도 잘 나타나 주시는 하나님이 왜 내게는 이렇게 안 나타나 주시냐고 불평하기 쉽습니다. 그러나 그렇게 간단하게 비교할 일이 아닙니다. 아브라함도 그렇게 되기까지 말씀을 듣고 순종하는 수련을 쌓았습니다. 하나님의 말씀을 듣고 자신의 뜻을 복종시키는 연단을 받아 하나님과 밀접한 의사소통에 이른 아브라함이 되었습니다. 여러분은 75세의 아브람처럼 괴나리봇짐 싸들고 본토 친척 아비 집을 홀연히 떠나는 결단을 한 적이 있습니까? 그렇게 처절한 결단을 내리면 하나님의 말씀이 들립니다. 처음에 한번 위대한 순종을 한 사람에게 하나님의 음성이 계속 들려옵니다. 하나님 말씀은 휘파람 소리처럼 지나가기 때문에 우리가 식별하지 못하거나 경청하지 못할 뿐입니다. 우리가 신뢰하지 않고 순종하지 않기 때문에 하나님의 말씀이 인간적인 소음에 묻혀 지나가 버리는 것입니다. 하지만 분명한 것은, 하나님 말씀은 지금도 특별하게 임한다는 사실입니다. 우리가 진심으로 하나님께 순종하고자 마음먹고 하나님의 뜻을 알고자 지극한 정성을 보이면, 하나님 말씀은 특별하게 임하게 됩니다. 에스겔처럼 하나님의 말씀이 임할 때 우리의 인생은 새롭게 시작됩니다.

사랑하는 형제자매 여러분! 여러분은 이렇게 복잡다단한 세상에서 하나님의 해설 없이 인생을 살아갈 것입니까? 접촉사고를 당하고 C·D학점이 주루룩 나왔는데, 그것이 무슨 뜻인지 알아보지도 않고 지나갈 것입니까? 왜 이런 재난이 닥쳤는지 설명도 안 할 겁니까? 내가 이리저리 치이고 100번 구직원서를 내도 취업이 안되는 엄청난 재난을 겪고도, 하나님 말씀의 해명을 듣지 않고 지나갈 것입니까? 밤마다 꿈자리가 사납다고 식칼만 얹어 놓고 잘 겁니까? 옛날 우리 어머니들은 밤에 귀신이 나타난다고 머리맡에 식칼을 갖다 놓고 자곤 했는데, 식칼로 악몽을 쫓아낼 수 있는 것이 아닙니다. 식칼로 마귀를 이기면 왜 예수님이 십자가에 못박히셨겠습니까? 마귀는 식칼을 무서워하지 않습니다. 우리는 우리에게 닥친 재난과 위기를 하나님의 말씀으로 해설하고 그것을 돌파할 수 있어야 합니다. 하나님의 말씀은 우리 인생에 일어나는 일들을 해석하는 관점을 제공해 줍니다. 여러분은 그런 일이 가능하다는 것을 믿습니까? 이것을 믿는다면, 재난에 처한 성도를 볼 때 각성이 일어납니다. 공부하기가 정말 싫으면 하나님의 해설을 들어야 합니다. "아, 하나님이 나를 대학에서 퇴출시켜 더 넓은 진리의 바다로 부르시는구나" 하고 빨리 보따리를 싸는 게 낫습니다. C·D학점을 받아 대학을 나오면 동창회에야 들 수 있겠지만 대체로 어려운 인생이 예상됩니다. 성적을 절대화하자는 것은 아니지만, 성적이 너무 나쁠 경우 대학을 과감하게 상대화시킬 수 있는 기개가 필요합니다. 대학 공부가 적성에 안 맞으면 대학을 버리는 것이 좋다고 봅니다. 의미 없는 대학생활을 그만두더라도 생의 철학을 계속 연구할 수 있는 세상은 넓습니다. 남대문시장이나 동대문시장으로 달려가 인생살이의 또 다른 흐름을 경험할 수 있다고 봅니다. 대학 공부에 전혀 흥미를 느끼지 못하면 '아마도 하나님께서 나를 공부하는 사명으로 부르시지 않는 게 분명하다'라는 각성에 이를 수 있기 바랍니다. 이런 각성으로 생의 한복판에 뛰어드는 것이 백번 낫지요. '이렇게 하루 종일 공부해도 당신의 행복은 여기에 있지 않다. 여기에서 열등감 누리지 말고 딴 세계에서 다시 한번 자신의 인생을 실험하라'는 것입니다.

대학 교육에 대한 과도한 집착은 긴 역사의 안목에서 보면 우스운 일이 아닐 수 없습니다. 우리 교육은 분명 잘못 되었습니다. 수능 몇 과목을 보게 해서 점수가 높은 사람은 명문대로 보내고 점수에 따라 대학과 사람의 인생을 계량화하고 서열화하는 한국 사회는 병든 사회입니다. 이것은 지성에 대한 폭력이요 인간 지능의 오용입니다. 모든 것을 조금씩 어설프게 잘하는 사람이 죄다 엘리트가 되면 판단력이 매우 흐려집니다. 한국의 엘리트는 한국이라는 좁은 사회에서만 통하는 엘리트일 뿐입니다. 하나님 앞에서 인정받는 엘리트는 어떤 절망도 하나님의 관점에서 해석하고 그것을 다스릴 줄 아는 자들입니다. 남의 행복을 빼앗아야 내가 행복해지는 제로섬 게임에 능한 자가 절대 엘리트가 아닙니다. 자신의 인생을 다른 사람을 복되게 하는 복의 근원으로 삼는 자가 참된 엘리트입니다. 강북의 땅값이 내려가는 대가로 강남의 땅값이 올라가는 통에 삽시간에 수억 버는 행복, 그것은 부가가치의 창출이 아니라 남의 불행을 먹고 자라는 암세포와 같은 행복입니다. 지금 대한민국 부동산 부자들의 행복이란 대개 개미 같은 근면으로 이룬 성취가 아니라, 이런 종류의 제로섬 게임에서 얻은 우연한 승리감일 뿐입니다. 하나님 앞에서는 아무 쓸모없는 것들입니다.

그런데 에스겔이 발견한 새 세계는 절대적인 부가가치를 창조하는 복의 근원입니다. 만인을 동시에 기쁘게 하고 만인에게 경쟁 없이 하나님의 무한하고 부요한 자원을 누리도록 하는 복음의 세계입니다. 하나님 나라는 우리가 아무리 써도 다함이 없는 자원이요, 다툴 필요가 없는 영토입니다. 희소성의 원칙을 완전히 극복하는 엄청난 대생명의 자원, 이것이 에스겔이 발견한 뉴 프론티어입니다. 하나님의 불전차 보좌에서 바라본 유다의 역사 안에는 희망과 소생의 여지가 남겨져 있었습니다. 우리가 지상에서 모든 것을 잃어도, 절망적이고 폐쇄적인 현실을 하나님의 관점에서 돌파할 수 있다면 그것은 복음이 아닐 수 없습니다.

사랑하는 형제자매 여러분! 하나님은 우리를 절망 가운데 내버려 두시면서 그것을 즐기는 가학적인 신이 아닙니다. 우리 하나님은 우리가 절망에 처할 때 같이 탄식하고 같이 아우성치는 하나님이십니다. 우리가 바벨론 강가에서 대책 없는 포로생활을 계속하면서 정복자의 채찍에 등짝을 맞아가며 땀을 흘릴 때, 고향으로 돌아가고 싶어 일기를 쓰는 그 시간에 함께 사로잡혀 주시는 하나님이십니다. 에스겔의 일기장 여기저기에 떨어진 눈물을 아시고 거기에 응답하신 하나님이십니다. 우리 하나님은 절망을 돌파할 수 있는 강고한 정신을 창조하시는 하나님이십니다. 하나님은 우리를 절대로 악도 없고 유혹도 없고 시련도 없는 곳에서 키우시지 않습니다. 우리로 하여금, 악과 시련이 있고 절망이 있고 자살로 인생을 마감하고 싶은 충동이 출렁거리는 세상 한복판에서 자라게 하십니다. 그 안에서 우리를 연단시켜 주십니다. 그토록 참혹한 세상살이 가운데서도 심사숙고 끝에 하나님을 믿기로 결단하는 숭고한 정신들을 창조하시고, 그런 영혼들을 지지해 주기를 원하시는 것입니다.

지금 우리나라에 필요한 것은 그런 정신의 소유자입니다. 남의 것을 좀 빼앗아서 내가 행복해지려는 제로섬 게임을 즐기는 어설프고 속좁은 지성인이 아닙니다. 그러므로 여러분, '내가 참 구겨진 휴지조각 같다'고 느낄 때 하늘의 열림을 맛볼 수 있기를 간구합니다. 어느 순간에 '내가 구겨진 휴지조각이 아니다'라는 각성이 있기를 바랍니다. '호주머니에 감춰진 누렇게 바랜 휴지조각처럼 삭아 가는 내 인생의 심각함을 하나님이 아실까? 이렇게 사람들 틈바구니에 끼어 아둥바둥 살아가는 나 같은 것을 신경이나 쓰실까?' 그런 생각이 들 만큼 자존감이 무너지고 스스로를 존중하고 싶지 않을 때 우리는 하늘이 열리기를 간구합니다. 이반 데니소비치의 "하루"를 생각하고 절망의 수용소 같은 현실 속에서도 오늘 하루 승리할 수 있기를 바랍니다.

에스겔은 하늘의 열림을 통해 하나님의 말씀이 임함을 경험하면서, 조국 유다가 망한 이유를 발견했습니다. 그리고 유다가 아예 멸망한 것이 아니라 하나님의 손안에서 부활하고 갱생될 것을 깨달았습니다. 민족적 대갱생에 걸맞게 더 신령한 성전이 지어질 것을 확신했습니다. 여러분, 불확실성 속에 우리를 집어 던지신 하나님은 또한 우리로 하여금 하늘이 열리기를 기대하도록 인도하신 분임을 인정해야 합니다. 우리 하나님은 우리가 여기서 우리의 살 길을 찾아 내기를 기대하십니다. 하나님이 우리를 불확실성 속에 집어 던진 순간, 그때부터 우리가 꿈틀거리는 존재가 되기를 바라십니다. 하나님은 우리를 짐짝처럼 집어 던져 놓고 찾지도 않는 그런 무정한 하나님이 아니라, 우리가 억장 무너지는 절망의 강에 집어 던져지는 순간에, 하늘의 열림을 갈망하도록 이끄시는 분입니다.

유다 왕의 보좌, 하나님의 보좌

에스겔을 사로잡은 하늘의 불전차 보좌는 폭풍과 화염 속에서 종횡무진으로 움직입니다.

내가 보니 북방에서부터 폭풍과 큰 구름이 오는데 그 속에서 불이 번쩍 번쩍하여 빛이 그 사면에 비취며 그 불 가운데 단쇠 같은 것이 나타나 보이고(겔 1:4).

이 4절의 경험과 가장 유사한 경험을 한 사람이 누구입니까? 에스겔보다 먼저 온 이스라엘 사람으로, 폭풍과 큰 구름을 동반하면서 강림하신 하나님을 경험한 사람이 누구입니까? 모세와 엘리야입니다. 그들은 폭풍의 구름전차를 타신 하나님, 세계 속에서 종횡무진하시는 하나님, 이스라엘 민족을 선택했지만 이스라엘 민족의 운명에 매이지 않는 절대적으로 자유로우신 하나님을 만난 사람들입니다. 사실, 고대 근동 문명에서 신학은 정치학의 부속 학문이었습니다. 다시 말해, 한 나라가 망하면 그 나라가 섬기던 신도 망하는 것으로 보았다는 것입니다. 앗수르가 망하면 앗수르의 신도 더 이상 기억되지 않습니다. 바벨론이 망하면 바벨론 신도 그날로 시효가 끝납니다. 그래서 주변 나라들은 유다가 망하자 야웨 하나님도 소멸될 줄 알았습니다. 그런데 놀랍게도 정반대의 일이 벌어지고 있습니다. 이스라엘이 멸망하고 유다가 멸망하자마자 하나님은 더욱 찬란한 불전차 보좌를 타고 세계 속에 종횡무진하고 계시지 않습니까? 하나님은 이스라엘의 역사에 매이는 하나님이 아니었습니다. 야웨 하나님은 절대로 소멸되지 않고 우주를 종횡무진하시는 하나님이라는 진리가 드러났습니다.

이스라엘의 하나님은 거룩하신 하나님, 열방의 잡신들과 완전히 다른 하나님인 것이 드러났다는 말입니다. 에스겔은 하나님이 이스라엘과 유다의 운명과는 전혀 다른 궤적을 따라 움직이는 하나님이신 것을 발견한 것입니다. 비록 유다 왕의 보좌가 텅 비어 있을지라도 하나님의 보좌에는 하나님이 좌정하고 계심을 보았습니다. 하나님께는 아무 이상이 없음을 알게 되었습니다. 하나님이 보좌 위에 "앉아 계신다"라는 말은 정상적으로 통치 행위를 수행하고 계신다는 것을 의미합니다. 왕이 보좌 위에 앉아 있는 것은 열심히 일하고 있다는 말입니다. 사도신경을 외울 때 "[보좌] 우편에 앉아 계시다가"를 분명하게 고백하시기 바랍니다. 우리 예수님이 그곳에 그냥 앉아 있다가 심판하러 오시는 것이 아닙니다. 통치에 몰두하시다가 심판하러 오신다는 것입니다. 세상을 완전히 돌보고 계시다가 그 돌봄을 완성하기 위해 우리 예수님이 오신다는 말입니다. 따라서 하나님이 보좌에 앉아 있다는 사실이 우리를 안심시킵니다. 우주적인 평안을 보증하는 말입니다. 보좌 위에 하나님이 앉아 계신 것을 본 에스겔은 우주적인 평화를 맛봅니다.

> 그 속에서 네 생물의 형상이 나타나는데 그 모양이 이러하니 사람의 형상이라(겔 1:5).

하나님의 불전차 보좌는 날개가 있어 날아다니는 네 생물의 순종으로 움직입니다. 보좌 속에서 움직이는 네 생물들을 한번 보십시오. 하나님의 최측근 천사들이 얼마나 부지런하게 움직이는지 살펴보시기 바랍니다.

> 그 사면 날개 밑에는 각각 사람의 손이 있더라. 그 네 생물의 얼굴과 날개가 이러하니 날개는 다 서로 연하였으며 행할 때에는 돌이키지 아니

하고 일제히 앞으로 곧게 행하며(겔 1:8-9).

천사는 후진 이동을 하지 않습니다. 전진, 오직 복종만 기대되는 존재입니다. 이처럼 하나님의 뜻을 완벽하게 집행하는, 전향적인 복종을 하는 존재가 바로 천사입니다. 전향적 복종의 생물들인 천사들이 하나님 보좌를 받들고 있습니다. 우리가 하나님 보좌를 받들려면 하나님의 명령을 받고 바로 집행하는 순종의 천사들이 되어야 한다는 뜻입니다. 이 네 생물에 대한 좀더 자세한 묘사를 보겠습니다.

그 얼굴은 이러하며 그 날개는 들어 펴서 각기 둘씩 서로 연하였고 또 둘은 몸을 가리웠으며 신이 어느 편으로 가려면 그 생물들이 그대로 가되 돌이키지 아니하고 일제히 앞으로 곧게 행하며(겔 1:11-12).

하나님 보좌를 에워싸고 있는 천사들의 특징은 하나님이 가려는 곳을 미리 안다는 것입니다. 하나님의 마음과 깊이 공감한다는 것입니다. 천사가 누구입니까? 하나님의 말씀을 미리 알아서 척척 수행하는 존재가 천사입니다. 다음은 네 생물 천사의 형상을 더욱 자세하게 묘사한 구절입니다.

또 생물의 모양은 숯불과 횃불 모양 같은데 그 불이 그 생물 사이에서 오르락 내리락 하며 그 불은 광채가 있고 그 가운데서는 번개가 나며 그 생물의 왕래가 번개 같이 빠르더라. 내가 그 생물을 본즉 그 생물 곁 땅 위에 바퀴가 있는데 그 네 얼굴을 따라 하나씩 있고 그 바퀴의 형상과 그 구조는 넷이 한결 같은데 황옥 같고 그 형상과 그 구조는 바퀴 안에 바퀴가 있는 것 같으며(겔 1:13-16).

여기서 황옥 같다는 말은 요한계시록 21장에 나오는 하나님의 보좌를 생각나게 합니다. 네 생물이 불전차의 한가운데서 매순간 인격적인 순종을 바침으로 그 불전차가 하나님의 보좌가 된다는 것을 다시금 깨닫습니다. 우리가 하나님의 뜻에 신속하고 민첩하고 순결하게 복종하는 천사급 성도가 될 때 그곳에 하나님의 통치가 임한다는 것을 확신합니다. 20절은 네 생물을 움직이는 하나님의 신을 잘 묘사합니다.

어디든지 신이 가려 하면 생물도 신의 가려 하는 곳으로 가고 바퀴도 그 곁에서 들리니 이는 생물의 신이 그 바퀴 가운데 있음이라(겔 1:20).

네 생물이 야웨 하나님의 신에 감동되어 움직이듯이, 우리도 마음 중심이 하나님의 신에 감동되고 감화될 때 하나님의 불전차 보좌를 운반할 수 있을 것입니다. 이제 네 생물에 대한 소개가 끝나고 하나님의 보좌에 대한 좀더 자세한 묘사가 나옵니다. 에스겔이 진실로 본 물체가 나옵니다.

그 머리 위에 있는 궁창 위에 보좌의 형상이 있는데 그 모양이 남보석 같고 그 보좌의 형상 위에 한 형상이 있어 사람의 모양 같더라(겔 1:26).

에스겔은 확실히 유다 왕위와 상관없이, 네 생물들의 그 신속한 순종을 담보로 전 세계를 누비고 다니는 하나님의 불전차를 보았습니다. 거룩한 전차요 신속하게 이동하는 전차를 본 것입니다. 유다라는 장소에 국한되지 않고 전 세계를 종횡무진하시는 하나님의 보좌를 보았다는 것입니다. 하나님의 보좌를 보았다는 것은 하나님이 왕으로 여전히 세계를 다스리고 계신 것을 보았다는 말입니다. 형제자매 여러분! 하나님이 이 세상을 다스리시는 것을 믿을 수 있다면 그것이 바로 구원이요 복입니다. 하나님이 세상을 다스리지 않으시는 것처럼 느껴지고 세상이 도덕적 무정부 상태에 빠진 것처럼 보인다면 악한 시험에 빠진 것입니다. 하나님께서 보좌에 앉아 전 세계를 종횡무진하고 다니시므로, 세계 열강은 아무것도 아닙니다. 우리나라 같은 약소민족은 결국 강대국들의 손에 지배당하고 말 것이라는 숙명론에 빠질 필요가 없습니다.

그러므로 우리는 하나님께서 보좌 위에 앉으셔서 지금도 이 세계를 통치하고 계심을 믿어야 합니다. 이것을 믿어야 진짜 신앙입니다. 하나님이 다스리지 않는다고 믿는 자는 실제적 무신론자입니다.

우리가 하나님의 다스리심을 경험하기 원한다면 하루 종일 새만 바라봐도 충분합니다. 새 중에서도 가장 작은 참새와 제비를 보십시오. 예수님은 이 두 새를 가만히 보시다가, 한 앗사리온에 두 마리씩 팔리는 참새도 제 새끼들 보금자리를 얻고 새끼를 낳으며 돌봄을 받는다는 것을 아셨습니다. 한 앗사리온에 두 마리 팔리는 참새와 제비를 보면서도 하나님 아버지의 넉넉한 돌보심을 다 기억하신 것입니다. 민들레와 백합을 가만히 보다가 "솔로몬의 옷보다도 과연 더 곱구나"라고 생각하신 분이 우리 하나님의 아들 예수 그리스도이십니다. 이처럼 겉으로는 아주 연약한 존재이나 그 속에서 하나님의 통치 흔적을 발견하는 것이 에스겔의 신앙입니다. 우리 인생의 가장 성가시고 나쁜 일들 속에도 하나님의 통치 흔적이 있습니다. 여러분에게 하나님의 다스림을 영접하는 에스겔과 같은 마음의 눈이 열리기를 간절히 소원합니다.

3

마른 뼈들이 부활하는 자리

에스겔 37:1-28

에스겔 37:1-28

여호와께서 권능으로 내게 임재하시고 그의 영으로 나를 데리고 가서 골짜기 가운데 두셨는데 거기 뼈가 가득하더라. 나를 그 뼈 사방으로 지나가게 하시기로 본즉 그 골짜기 지면에 뼈가 심히 많고 아주 말랐더라. 그가 내게 이르시되 인자야, 이 뼈들이 능히 살 수 있겠느냐 하시기로 내가 대답하되 주 여호와여 주께서 아시나이다. 또 내게 이르시되 너는 이 모든 뼈에게 대언하여 이르기를 너희 마른 뼈들아, 여호와의 말씀을 들을지어다. 주 여호와께서 이 뼈들에게 이같이 말씀하시기를 내가 생기를 너희에게 들어가게 하리니 너희가 살아나리라. 너희 위에 힘줄을 두고 살을 입히고 가죽으로 덮고 너희 속에 생기를 넣으리니 너희가 살아나리라. 또 내가 여호와인 줄 너희가 알리라 하셨다 하라. 이에 내가 명령을 따라 대언하니 대언할 때에 소리가 나고 움직이며 이 뼈, 저 뼈가 들어 맞아 뼈들이 서로 연결되더라. 내가 또 보니 그 뼈에 힘줄이 생기고 살이 오르며 그 위에 가죽이 덮이나 그 속에 생기는 없더라. 또 내게 이르시되 인자야, 너는 생기를 향하여 대언하라. 생기에게 대언하여 이르기를 주 여호와께서 이같이 말씀하시기를 생기야, 사방에서부터 와서 이 죽음을 당한 자에게 불어서 살아나게 하라 하셨다 하라. 이에 내가 그 명령대로 대언하였더니 생기가 그들에게 들어가매 그들이 곧 살아나서 일어나 서는데 극히 큰 군대더라. 또 내게 이르시되 인자야, 이 뼈들은 이스라엘 온 족속이라. 그들이 이르기를 우리의 뼈들이 말랐고 우리의 소망이 없어졌으니 우리는 다 멸절되었다 하느니라. 그러므로 너는 대언하여 그들에게 이르기를 주 여호와께서 이같이 말씀하시기를 내 백성들아, 내가 너희 무덤을 열고 너희로 거기에서 나오게 하고 이스라엘 땅으로 들어가게 하리라. 내 백성들아, 내가 너희 무덤을 열고 너희로 거기에서 나오게 한즉 너희는 내가 여호와인 줄을 알리라. 내가 또 내 영을 너희 속에 두어 너희가 살아나게 하고 내가 또 너희를 너희 고국 땅에 두리니 나 여호와가 이 일을 말하고 이룬 줄을 너희가 알리라. 여호와의 말씀이니라. 여호와의 말씀이 또 내게 임하여 이르시되 인자야, 너는 막대기 하나를 가져다가 그 위에 유다와 그 짝 이스라엘 자손이라 쓰고 또 다른 막대기 하나를 가지고 그 위에 에브라임의 막대기 곧 요셉과 그 짝 이스라엘 온 족속이라 쓰고 그 막대기들을 서로 합하여 하나가 되게 하라. 네 손에서 둘이 하나가 되리라. 네 민족이 네게 말하여 이르기를 이것이 무슨 뜻인지 우리에게 말하지 아니하겠느냐 하거든 너는 곧 이르기를 주 여호와께서 이같이 말씀하시기를 내가 에브라임의 손에 있는 바 요셉과 그 짝 이스라엘 지파들의 막대기를 가져다가 유다의 막대기에 붙여서 한 막대기가 되게 한즉 내 손에서 하나가 되리라 하셨다 하고 너는 그 글 쓴 막대기들을 무리의 눈 앞에서 손에 잡고 그들에게 이르기를 주 여호와께서 이같이 말씀하시기를 내가 이스라엘 자손을 잡혀 간 여러 나라에서 인도하며 그 사방에서 모아서 그 고국 땅으로 돌아가게 하고 그 땅 이스라엘 모든 산에서 그들이 한 나라를 이루어서 한 임금이 모두 다스리게 하리니 그들이 다시는 두 민족이 되지 아니하며 두 나라로 나누이지 아니할지라. 그들이 그 우상들과 가증한 물건과 그 모든 죄악으로 더 이상 자신들을 더럽히지 아니하리라. 내가 그들을 그 범죄한 모든 처소에서 구원하여 정결하게 한즉 그들은 내 백성이 되고 나는 그들의 하나님이 되리라. 내 종 다윗이 그들의 왕이 되리니 그들 모두에게 한 목자가 있을 것이라. 그들이 내 규례를 준수하고 내 율례를 지켜 행하며 내가 내 종 야곱에게 준 땅 곧 그의 조상들이 거주하던 땅에 그들이 거주하되 그들과 그들의 자자 손손이 영원히 거기에 거주할 것이요 내 종 다윗이 영원히 그들의 왕이 되리라. 내가 그들과 화평의 언약을 세워서 영원한 언약이 되게 하고 또 그들을 견고하고 번성하게 하며 내 성소를 그 가운데에 세워서 영원히 이르게 하리니 내 처소가 그들 가운데에 있을 것이며 나는 그들의 하나님이 되고 그들은 내 백성이 되리라. 내 성소가 영원토록 그들 가운데에 있으리니 내가 이스라엘을 거룩하게 하는 여호와인 줄을 열국이 알리라 하셨다 하라.

에스겔의 예언 대부분은 제1차 바벨론 유배가 일어난 주전 597년부터 유다가 완전히 멸망 당해 제2차 바벨론 유배가 일어난 주전 586년까지 선포된 말씀들입니다. 스물다섯 살에 바벨론에 유배되어 5년차 되던 해, 그의 나이 서른 살에 에스겔은 자기 동족들이 운하 건설공사에 동원되어 노동하는 그발 강가에서 에스겔은 "하늘이 열리는" 이상(vision)을 경험합니다(겔 1:1-2). 그가 하늘이 열리는 경험을 한 그발 강가는, 유다의 바벨론 포로들이 민족 멸망의 아픔과 상처 가운데 시온을 기억하는 노래(고라 자손의 시온 순례시)를 부르며 망국의 한을 삭이던 장소였습니다(시 137편 참조).

포로 난민 공동체의 영적 지도자 에스겔

에스겔은 조국의 멸망과 더불어 자신의 인생이 송두리째 망가지는 경험을 했습니다. 왕이 포로로 잡혀 가고 예루살렘 성전도 파괴되었습니다. 그런 우울하고 답답한 포로생활이 5년째로 접어들 무렵, 서른 살의 에스겔은 불전차 보좌 위에 앉아 계신 하나님을 목도한 것입니다. 그는 유다 왕실이 망하고 유다 왕의 보좌가 텅 비어 있지만, 하나님 나라의 보좌에는 이상이 없다는 것을 깨달았습니다. 우리는 에스겔서 전체에 걸쳐서 유다 왕조의 흥망성쇠와 상관없이 여전히 우주와 역사, 인생과 삼라만상을 주재하는 왕이신 하나님을 만납니다. 그 결과 에스겔은 전쟁포로에서 예언자로 거듭 태어납니다. 그는 말씀의 능력에 끌어 들어올림을 빈번하게 경험합니다. 그때마다 하나님 보좌에서 역사를 조감하고 해석합니다. 하나님의 보좌 환상을 보면서 하나님의 왕적 다스림을 확신하게 되고 이스라엘의 미래를 확신하게 됩니다. 그는 예루살렘 성전에 유폐된 하나님이 아니라 불전차를 타고 세계를 종횡무진하시는, 절대적으로 초월하시며 절대적으로 자유하신 하나님을 만나면서 자신의 소명을 발견하고 민족의 미래를 낙관하게 됩니다.

에스겔서의 전반부 예언(1-24장)은 시드기야의 반(反)바벨론 정책을 규탄하는 데 할애됩니다. 전반부의 예언자적 이상은 포로기 공동체의 다면적인 문제 상황과 유다 왕국 내의 다양한 쟁점들을 잘 예시합니다. 특히 주전 597-587년 사이에 예루살렘 성전에서 벌어지는 온갖 종류의 이방 종교 제의들이 이방 땅에 있는 예언자 에스겔의 눈에 고스란히 포착됩니다. 하나님은 에스겔로 하여금 예루살렘 성전의 내부가 얼마나 가증스러운 우상숭배로 가득 차 있는지 고통스럽게 대면하게 하십니다. 에스겔서의 중심 주제 가운데 하나는 예루살렘 성전을 떠나는 하나님의 영광(shekinah)과 회복된 성전(겔 40장, 시 46편)에 복귀하는 하나님의 영광을 바라보는 환상입니다. 후반부(25-48장)는 예루살렘 성전을 떠났던 영광이 회복된 성전으로 되돌아오는 여정에 상응하는 회복과 갱신의 예언입니다.

본문(37장)은 주전 586년 바벨론 군대에 의해 예루살렘 성전이 불타고 예루살렘 성이 함락되었다는 소식을 들은 후 에스겔이 선포한 희망적 예언의 일부입니다. 에스겔 33:21은 그가 포로생활 중에도 예루살렘의 몰락 소식을 듣고 있었음을 보여줍니다(포로된 지 12년째 10월 5일). 예루살렘 함락 소식을 가지고 온 유다의 도망자가 도착하기 전날 밤, 에스겔은 예루살렘의 함락을 예감하듯 깊은 불안에 휩싸입니다. 그 밤에 하나님의 강력한 계시(손)가 그에게 임하고 예언자는 깊은 침묵에 들어갑니다. 그 도망자가 도착할 즈음인 아침경에야 하나님이 그의 입을 열어 주셨습니다(33:22). 에스겔서의 전체 맥락에서 볼 때 본문이 속한 보다 큰 단락인 33:23-39:29은 예루살렘의 완전 파괴와 몰락의 소식을 들은 후에 터져 나온 예언입니다. 이 단락의 예언은 에스겔서의 중심 메시지를 구성하며, 대부분 민족 갱생과 부활의 미래를 노래하고 있습니다. 유다 왕국의 죽음을 확인한 후에 유다 왕국의 부활을 노래한 것입니다.

죽음과 부활의 주제로 구약 예언자들을 시기별로 정리하면 다음과 같습니다. 주전 9세기의 엘리야·엘리사 시대가 하나님 백성(이스라엘, 유다) 공동체 가운데 자라기 시작한 암세포의 징후를 발견하는 단계라면, 주전 8세기의 아모스·호세아·이사야·미가 시대는 암 3·4기로, 암세포 제거 수술의 필연성을 역설하는 단계입니다. 주전 7세기에서 6세기의 예언자인 예레미야와 에스겔은 암세포 제거 수술이 소용없다고 사망선고를 내리면서, 동시에 죽음 너머의 부활과 회복을 예고하는 단계입니다. 본문에서 에스겔은 무덤 속의 마른 뼈들처럼 말라 가는 이스라엘 백성에게 회복과 부활의 메시지를 대언합니다. 그는 이스라엘이 하나님의 군대로 부활하는 환상을 보며, 파괴되어 버린 예루살렘 성전의 회복을 예기하는 환상을 봅니다.

에스겔의 희망, 이스라엘의 민족 부활과 갱생

에스겔 37장의 위치를 가늠하려면 에스겔서 전체의 흐름을 간략하게 살펴볼 필요가 있습니다. 1-24장은 유다(이스라엘)에 대한 하나님의 심판 예언입니다. 25-32장은 열방에 대한 심판 예언이고, 33-48장(특히 33-39장)은 이스라엘의 영적 회복과 갱생에 관한 예언과 약속을 담고 있습니다.

33장에서 에스겔은 다시 한번 이스라엘의 파수꾼으로 부름받는데, 이번에는 3장과 달리 희망과 약속의 말씀을 대언하는 파수꾼으로 부름받습니다. 이제 에스겔은 이스라엘에게 회개와 회복의 메시지를 선포하도록 위임받은 파수꾼입니다(33:1-9). 파수꾼은 하나님을 원인으로 해서, 하나님의 목적과 의도라는 빛 아래서 이스라엘의 과거 역사를 해석하고 현실을 분석하며 미래를 전망합니다. 그의 메시지 핵심은 "이스라엘 백성은 회개해야 한다"(33:10-20)는 것과, "이스라엘의 회개는 하나님이 새 영을 부어 주심으로만 가능하다"는 것이었습니다.

34장은 왜 하나님의 백성들이 멸망당할 수밖에 없었는지를 보여 줍니다. 하나님의 백성들을 노략질하는 거짓 지도자들이 나라를 파탄에 이르게 한 장본인이라는 것입니다. 이런 부정적인 역사를 반전시킬 인물은 다윗 왕과 같은 이상적인 지도자입니다. 악한 짐승에게 물어뜯기고 삯군 목자에게 버림받아 상하고 병든 양떼를 보호하는 다윗 왕의 도래를 예언합니다(34:22-24). 현재와 과거의 거짓 목자들과 미래의 다윗 같은 선한 목자가 대조됩니다. 선한 목자 다윗 왕의 통치를 통해 하나님 자신이 당신의 양떼들을 먹이고 돌보시는 목자가 되실 것입니다(요 10:11, 14 참조). 하나님은 당신의 마음에 합한 종 다윗을 세워 당신의 백성들과 평화의 언약을 세우실 것입니다.

반면에, 이스라엘의 숙적(에돔, 세일 산)은 파멸될 것입니다. 하나님을 대항해 이스라엘의 영토를 차지하려고 했기 때문입니다. 그 과정에서 심히 교만하여 하나님의 영토 경계를 묵살했으므로 에돔은 반드시 파멸될 것입니다(겔 35:1-15). 그러나 이스라엘의 미래는 영광스러울 것입니다. 야웨께서 이스라엘과 유다를 약속의 땅에 다시 모아 번영을 누리게 할 것이기 때문입니다. 비록 지금은 원수들에게 모욕을 당하며 살지만, 이스라엘이 고토(고국 땅)로 회복되어 정결케 된 후 하나님이 주시는 번영을 누리는 때가 올 것입니다. 하나님의 백성들은 회복된 고토에서 다시 번성할 것입니다(36:1-15). 이스라엘은 하나님의 거룩한 이름을 위해 고토에서 정결케 될 것이며 마침내 새 언약의 수혜자가 될 것입니다(36:16-38). 이제 그들은 하나님의 저항할 수 없는 은총으로 정결케 되어 새 언약 안에 묶인 채 하나님과 밀접한 영적 친교를 누리게 될 것입니다.

비록 지금은 이스라엘이 죽음의 상태에 있지만(오랜 포로생활로 절망하고 무덤과 같은 상황에 있는 백성들), 야웨의 말씀을 들음으로써 영적으로 소생할 것입니다. 소생된 이스라엘과 유다는 하나님의 손안에서 하나가 될 것입니다(37장). 37:1-14은 마른 뼈들의 절망 언어와 하나님의 부활 언어를 생생하게 대조시킵니다. 대언자를 통해 마른 뼈들에게 들려진 하나님의 말씀은 창조의 에너지 그 자체입니다. 무덤 속의 부활은 분열된 이스라엘과 유다의 연합을 의미하며 이상적인 다윗 왕의 다스림 아래로 들어가는 것을 의미합니다. 두 막대기로 대표되는 이스라엘과 유다는 하나님의 손안에서 하나가 될 것입니다. 에스겔서의 새 언약은 통일과 연합의 언약이자 하나님의 주도 하에 갱신되는 언약입니다(37:15-28). 마른 뼈들은 하나님의 말씀을 듣고 마른 골짜기에서 부활할 것이며 무덤에서 뛰쳐나올 것입니다. 그리하여 다윗 왕과 같은 이상왕의 주도 아래, 열방 중에 흩어진 마른 뼈들인 이스라엘은 "하나님의 군대"로 부활할 것입니다. 그들은 영적으로 갱생되어 고토로 돌아갈 것입니다(36-37장).

이처럼 에스겔 37장은 이스라엘의 영적 갱신과 민족적 부활을 예언하는 보다 큰 예언 단락의 중심입니다. 본문에 따르면, 아골 골짜기의 마른 뼈들을 하나님의 군대로 부활시키는 데 결정적인 세 요소가 있습니다. 그것은 하나님의 영, 하나님의 말씀, 말씀의 대언자입니다. 오늘날의 교회 갱신과 부흥도 이 세 가지 요소가 결합된 곳에서 일어날 것입니다.

절망을 초극하는 신앙

37장의 전반부인 1-14절은 하나님의 말씀을 듣고 부활하는 마른 뼈들의 환상을 다루고, 후반부인 15-28절은 새 언약 아래 유다와 이스라엘이 통일되어 사는 미래상을 제시합니다. 37장은 예루살렘의 완전 멸망 소식을 듣고 하룻밤 동안 무거운 침묵의 시간을 거친 에스겔에게 임한 계시입니다.

> 여호와께서 권능으로 내게 임하시고 그 신으로 나를 데리고 가서 골짜기 가운데 두셨는데 거기 뼈가 가득하더라(겔 37:1).

1절은 "하나님의 손이 내 위에 임하자 그는 나를 야웨의 영으로 (강권적으로 권능을 행사해) 이끌어 내었다"라고 직역할 수 있습니다. "야웨의 손이 임한다"는 표현은 에스겔서에서 자주 사용되는 계시 수납 현상을 지칭하는 관용적 표현입니다. 하나님의 "손"은 하나님의 "영"이라는 말로 바꿔 사용되기도 하는데, 이는 같은 의미입니다(11:1, 5). 그보다 자주 사용되는 표현인 "야웨의 말씀이 내게 임했다"라는 표현도 동일한 계시 수납 작용을 표현합니다(12:1, 17). 이 모든 표현들은 예언자가 야웨의 영에 잠정적으로 지배당한 상태를 의미합니다. 이때 예언자의 평소 판단력은 다소간 중지된 상태에서 하나님의 계시가 수납됩니다(1:3, 3:14, 22, 8:1, [11:1, 5은 하나님의 '손' 대신 하나님의 '영'이라 표현], 33:22, 37:1, 40:1). 야웨가 "야웨의 영을 통해" 혹은 "야웨의 영 안에서" 에스겔을 이끌어 내었다는 말은 강권적으로 에스겔을 이끌었다는 말입니다.

왜 하나님은 에스겔을 강권적으로 이끄십니까? 1절의 마지막 소절이 답을 줍니다. 여기서 끌어올려진 에스겔은 구름 위로 휴거된 것이 아니라, 하나님 보좌의 관점에서 역사와 인생을 해석하도록 고양된 것입니다. 그런데 에스겔은 하늘로 치솟는 영적 고양과 부양만을 맛보는 것이 아니라, 또한 성령의 강권으로 골짜기 아래로 이끌려갑니다. 아골 골짜기와 같이 낮은 곳은 인간의 자연적 감수성이 선호하는 곳이 아닙니다. 하나님의 영에 이끌린 사람만이 내려갈 수 있는 곳입니다. 하나님의 영이 에스겔을 강권적으로 들어올려 마른 뼈들이 나뒹구는 계곡으로 던져 넣으셨습니다. 이처럼 하나님의 손에 강력하게 이끌리는 사람은 강력한 소명감에 사로잡힌 사람입니다. 소명감에 사로잡힌 사람은 자신이 원하는 곳으로 마음대로 갈 수 있는 사람이 아니라, 하나님이 파송하시는 곳으로 내려가는 사람입니다. 바로 이러한 원리로, 요단 강에서 세례를 받고 성령충만을 받은 나사렛 예수께서 광야로 내몰립니다.

성령이 곧 예수를 광야로 몰아내신지라(막 1:12).

여기서 "몰아내다"로 번역된 헬라어는 '에크발로'(ekballo)입니다. '집어 던지다'에 가까운 단어입니다. 바울이 하나님의 손에 이끌려 이방인의 땅으로 파송된 것도 성령의 강권에 의한 것입니다. 이처럼 우리는 에스겔의 소명 경험이, 자원병이 아니라 징집당한 병사의 경험임을 다시 확인합니다.

나를 그 뼈 사방으로 지나게 하시기로 본즉 그 골짜기 지면에 뼈가 심히 많고 아주 말랐더라(겔 37:2).

하나님의 권능의 손은 이제 에스겔로 하여금 마른 뼈들 한가운데로 지나가게 하시며 온 사방을 두루 다니게 하십니다. 그는 아주 말라 버린 많은 마른 뼈들과 맞부딪칩니다. 죽음의 권세를 온몸으로 느낍니다. 하나님께서 에스겔을 죽음의 권세 아래 시달리게 하신 후 부활을 꿈꾸도록 유도하시는 것입니다. 부활의 희망은 죽음의 한복판에서 잉태되기 때문입니다. 죽음의 현장에서 멀리 떨어져 있는 사람에게는 부활의 소망이 생성되지 않습니다. 그런 사람에게 하나님의 부활 메시지는 전달될 수도 없고 공감될 수도 없습니다. 실존적인 공감대가 확보되지 않은 사람에게 하나님의 말씀이 공명 현상을 불러일으킬 수 없습니다. 가난한 사람들에게 전달할 하나님의 메시지는 가난한 자들과 살가운 접촉을 유지한 사람에게 위탁됩니다.

그러므로 우리가 어디에 사는지가 중요합니다. 만일 우리가 소위 부유층이 밀집한 동네에만 산다면 가난한 이웃의 절망적인 탄식을 들을 기회가 차단됩니다. 가난한 이웃들의 중보자가 될 가능성은 제로 퍼센트로 떨어집니다. 에스겔이 성령의 강권에 사로잡혀 어디로 가는지가 왜 중요한지 그 이유가 여기에 있습니다. 완전히 말라 버린 뼈들이 나뒹구는 절망적인 골짜기를 가로질러 본 사람, 그 마른 뼈들이 쌓인 죽음의 영지(領地)를 사방으로 다녀 본 사람만이 마른 뼈들을 살려 보려는 하나님의 사랑에 공감할 수 있습니다. 죽음의 권세에 시달리면서 유한한 인생에 드리운 우수와 비장미를 체험한 사람만이 부활의 능력으로 인생을 새롭게 하시려는 하나님의 사랑에 감화될 수 있습니다. 시든 영혼을 살리는 마른 뼈들 사이에 서려 있는 죽음의 세력을 한가운데서 느껴 보지 못한 사람에게 "산다" 혹은 "생기"의 개념은 무척

생소하게 들릴 것입니다.

아주 말라 버린 뼈들이 어지럽게 흩어져 있는 골짜기를 다니며 에스겔은 하나님 백성들의 영적 곤궁과 정면으로 부딪칩니다. 사실, 이 마른 뼈들은 절망에 빠진 유다의 포로들이었습니다. 마른 뼈들이 나뒹구는 골짜기에서 에스겔은 자신이 섬기는 포로민 회중들의 영적 형편을 직면한 것입니다. 그가 본 것은 "심히 많고 아주 마른 뼈들"인데, 그것들은 서로에 대해 아무런 생명의 접촉이나 연결을 갖지 못한 채 이리저리 뒹굴고 있었습니다. 절망의 탄식을 내뱉는 개인들의 파편이었습니다.

> 그가 내게 이르시되 인자야, 이 뼈들이 능히 살겠느냐 하시기로 내가 대답하되 주 여호와여, 주께서 아시나이다(겔 37:3).

이 기이한 장면을 앞에 두고 하나님은 예언자에게 물으십니다. "인자야, 이 뼈들이 능히 살겠느냐?" 이 질문에 대한 에스겔의 대답은 "주께서 아시나이다"입니다. 이 말은 부정적인 답변입니다. "저로서는 확신할 수 없지만, 하나님 당신께서는 아십니다"는 뜻입니다. 사실, "이 마른 뼈들이 능히 살 수 있을까?" 하는 질문은 하나님의 질문이기 이전에 선지자 자신의 마음속에 자리잡은 질문이기도 했을 것입니다. 어쩌면 에스겔은 자신이 지난 12년 동안 이토록 심하게 말라 버린 뼈들에게 하나님의 말씀을 대언해 왔다고 생각했는지도 모릅니다. 그는 예루살렘의 멸망 소식을 듣기 전까지는 시드기야의 미련한 외교 정책(친애굽, 반바벨론 정책)에 대해 신랄한 단죄를 가했고, 포로로 잡혀

와 있던 유다의 귀족과 왕족들에게 하나님 심판의 정당성을 외쳐 왔던 터였습니다. 그는 "철저한 죽음"의 필연성을 외쳐 왔습니다. 그러나 이제 예루살렘은 철저히 죽었고 유다와 다윗 왕조와 성전은 파멸되었습니다. 죽음이 완성되었고 심판이 성취되었습니다.

그러나 이제 에스겔은 민족의 주검을 앞에 두고 부활 갱생을 위한 대언 사역에 부름받은 것입니다. 그는 부활의 말씀을 대언함으로써 하나님이 예비하신 미래를 향해 투신하도록 자신과 회중들을 설득해야 할 처지에 놓였습니다. 그러나 예루살렘 멸망(죽음)의 소식 자체가 그를 부활의 예언자로 만든 것은 아니었습니다. 오히려 그는 조국 멸망의 소식을 듣고 실어증 환자처럼 말을 잃어버렸습니다. 부활과 민족 갱생의 언어는 "하나님의 손"에 사로잡힌 후 "하나님에 의해 강권적으로 벌려진 입"에서 나올 수 있었습니다(겔 33:22).

하나님은 에스겔을 부활과 갱생의 예언자로 담금질하기 위해 죽음의 현실 한복판으로 이끌고 가서 그에게 도전하셨던 것입니다. 마른 뼈들의 부활에 대해 확신을 갖지 못하고 주춤거리던 예언자에게 하나님은 계속해서 도전하십니다. "(만일 네가 나의 권능을 믿는다면) 너는 이 마른 뼈들에게 설교하라." 에스겔은 앙상한 뼈들에게 예언하도록 명령을 받습니다.

> 또 내게 이르시되 너는 이 모든 뼈에게 대언하여 이르기를 너희 마른 뼈들아, 여호와의 말씀을 들을지어다(겔 37:4).

마른 뼈들은 단지 무생물이 아니라 결단해야 할 인격적 존재입니다. 무기력하게 나뒹굴기만 하지 말고 하나님의 말씀을 의도적으로 들어야 합니다. 왜냐하면 하나님의 명령을 듣는 자만이 소생할 수 있기 때문입니다. 모든 피조물은 하나님의 명령에 따라 일어서고 하나님의 명령에 따라 쓰러집니다. 하나님의 명령을 듣고 받아들이면 그 명령은 곧 현실이 됩니다. 하나님의 명령은 듣는 자의 순종을 통해 현실이 됩니다. 특히 여기서는 하나님의 말씀이 "인자"의 대언 행위를 통해 전달된다는 사실이 중요합니다. 이러한 창조적인 대언 행위를 위해서는 예언자 자신이 하나님의 명령에 대한 믿음을 가져야 합니다. 야웨는 물으십니다. "이 뼈들이 능히 살겠느냐?"

예언자는 이 질문이야말로 자신이 스스로에게 던진 질문이기도 하다는 사실을 깨달았을 것입니다. 이제 에스겔은 그동안 자신이 힘써 해온 일의 실체를 깨닫습니다. 그는 이제까지 살아날 것에 대한 확신이 없으면서 마른 뼈들과 같은 절망적인 포로민 회중에게 하나님의 말씀을 대언해 온 셈이었습니다. 그는 마른 뼈들의 소생이 불가능하다는 것을 알면서도 포로민들을 희망으로 일으켜 보려 했던 것입니다. 마른 뼈들이 살 수 있다는 확신 없이 일하는 자신을 인정합니다. 그러나 그는, 한 걸음 더 나아가 마른 뼈들의 소생을 가능케 하실 하나님의 말씀에 포로민 동포들을 맡깁니다. 그리고 하나님의 명령을 대언합니다. "너희 마른 뼈들아, 여호와의 말씀을 들을지어다." 여기서 중요한 것은, 하나님의 말씀을 들으라는 것입니다. 예언자 자신의 사상이나 인생철학이 아니라 하나님의 말씀을 들으라고 다그친다는 점입니다.

사실 에스겔서 여기저기를 보면, 에스겔이 하늘의 묵시를 경험하기 전에도 제한적인 의미에서 포로난민 목회를 해왔음을 알려 주는 단서들이 발견됩니다. 그가 포로난민 목회에서 주로 겪었던 상처는 자신의 예언에 대한 청중들의 야유와 냉소였음을 짐작케 하는 구절들도 발견됩니다. 에스겔은 이제야 비로소 자신의 예언 사역에 대한 그들의 반응이 왜 냉소와 야유로 가득 차 있었는지 그 이유를 알게 됩니다. 결국 그들이 마른 뼈들이었기 때문입니다. 이런 마른 뼈들에게는 예언자나 설교자 자신의 인생철학과 윤리나 교양이 아무런 효험이 없습니다. 설교자 자신의 독특한 사상이나 고상한 인생철학이나 혹은 감동적인 간증마저도 마른 뼈들을 살리는 능력을 발휘하지 못합니다. 오로지 하나님의 명령만이 마른 뼈들을 살릴 수 있습니다. 오직 하나님 말씀을 대언할 때, 부활의 역사가 일어납니다. 바로 여기에 말씀 대언 사역의 항구적인 중요성이 있습니다.

여기서 말하는 "하나님의 말씀"이란 아무 믿음과 감동의 화답도 못하는 대언자에 의해 무미건조하게 전달되는 말씀이 아니라, 예언자 자신의 인격과 삶 속에서 소화되고 영접된 말씀입니다. 예언자 자신에게 먼저 하나님의 말씀으로서 권위를 행사했던 말씀을 가리킵니다. 오늘날에도 "하나님의 말씀"을 선포한다고 주장하는 많은 예언자들이 있습니다. 그러나 많은 경우 그들은 스스로도 하나님의 말씀을 확신하지 못한 채, 기계적으로 성경 말씀을 선포하거나 자신들의 상상력으로 꾸며 낸 말을 하나님께 받은 말씀이라고 강변합니다. 여기에는 어떤 마른 뼈들의 소생 역사(役事)도 기대할 수 없습니다. 죽은 자들의 부활은 오로지 하나님의 말씀으로만 가능합니다. 하나님의 말씀은 산 자와 죽은 자의 경계를 자유롭게 넘나들면서 창조의 권능을 발휘합니다. 하나님의 말씀은 무생물과 같은 사람들에게도 역사합니다. 무생물보다 더 무감동한 마른 뼈들을 호령할 수 있는 유일한 말씀은 오로지 창조주 하나님의 말씀뿐입니다. 그러므로 예언자들은 심히 말라 버린 뼈들이 뒹굴고 있는 계곡에 하나님의 말씀을 쩌렁쩌렁하게 선포해야 합니다. 5절은 마른 뼈들이 들어야 할 하나님 말씀의 내용입니다.

> 주 여호와께서 이 뼈들에게 말씀하시기를 내가 생기로 너희에게 들어가게 하리니 너희가 살리라(겔 37:5).

이 문장은 하나님의 의지를 표명하는 의지미래 문형입니다. 하나님의 말씀은 하나님의 의지를 관철시키는 도구입니다. 이사야 55:11은 하나님의 말씀이 하나님의 의지를 집행하는 대리자임을 밝히 증거합니다.

> 내 입에서 나가는 말도 헛되이 내게로 돌아오지 아니하고 나의 뜻을 이루며 나의 명하여 보낸 일에 형통하리라(사 55:11).

하나님의 말씀은 하나님의 의도한 바를 실현시키는 하나님의 대리자입니다. 여기서 작용하는 하나님의 의지는 마른 뼈들을 살려 내려는 의지입니다. 예언자의 대언 행위가 효력을 발휘하려면 예언자 자신이 마른 뼈들을 살려 내려는 하나님의 의지에 먼저 깊이 공명해야 합니다. "너희가 살리라"라고 선포하시는 하나님의 강력한 의지가 예언자 자신을 사로잡아야 합니다. 하나님의 생기가 마른 뼈들 속에 들어가 그들을 살려 낼 수 있다는 희망과, 하나님의 생기로 마른 뼈들을 살려 내려는 열망이 예언자의 말씀 대언 사역의 정수(精髓)인 것입니다.

하나님의 말씀을 대언하는 예언자는 이러한 하나님의 의지와 열망을 내면화해야 합니다. 하나님의 열망과 의지를 내면화하지 못하면 하나님의 말씀을 대언할 수 없습니다. "대언하는" 행위는 전인격적인 공감과 공명을 통해 이뤄지는 활동이기 때문입니다. 하나님의 의지와 의향, 하나님의 계획과 열망을 온전히 대표하는 사람만이 하나님 말씀의 대언자입니다. 설교자가 단순히 죽은 문장이나 말의 전달자로 머물러서는 안되는 이유가 바로 여기에 있습니다. 하나님의 말씀을 대언하는 행위가 이토록 전인격적인 행위이기 때문에, 예언자가 대언자가 되기 위해서는 하나님의 가슴 속에 있는 열망에 깊이 공감할 수 있어야 합니다. 참으로 우리 한국 교회에 이런 대언자들이 많이 나타나기를 열망합니다. 이 땅의 젊은 그리스도인들 가운데 하나님의 말씀에 공감하는 대언자가 우후죽순처럼 일어나야 합니다. 형제자매 여러분, 천지 사방에 충만해 있는 하나님의 생기를 향해 외칠 수 있는 대언자의 소명이 여러분을 사로잡아 주시길 간구합니다. 하나님의 구원의 로고스와 파토스를 전인격적으로 공감하고 구현할 대언자가 몹시도 그리운 계절입니다.

6절은 하나님의 말씀 사역이 마른 뼈들에게 미칠 궁극적인 효과를 말합니다.

너희 위에 힘줄을 두고 살을 입히고 가죽으로 덮고 너희 속에 생기를 두리니 너희가 살리라. 또 나를 여호와인 줄 알리라 하셨다 하라(겔 37:6).

하나님의 말씀은 마른 뼈들에게 생기를 고취시킬 뿐만 아니라 궁극적으로 그들이 자신의 부활과 소생이 하나님의 사역의 결과임을 고백하게 만드는 데까지 역사합니다. 에스겔이 자신의 사상이나 이념을 말하지 않고 하나님의 감정과 열망, 하나님의 의지와 계획을 내면화시켜 하나님의 명령(말씀)을 좇아 대언하자, 그 말씀은 곧 현실이 되었습니다.

이에 내가 명을 좇아 대언하니 대언할 때에 소리가 나고 움직이더니 이 뼈 저 뼈가 들어맞아서 뼈들이 서로 연락하더라(겔 37:7).

곧 이어 마른 뼈들에게 힘줄이 생기고, 살이 입혀지고, 가죽(피부)이 덮였습니다. 하나님의 말씀에 의해 마른 뼈들이 단계적으로 부활하는 것입니다. 한갓 무생물로 전락한 마른 뼈들도 창조주 하나님의 말씀과 명령을 못 들은 체할 수 없습니다. 하나님의 말씀은 그것을 듣는 피조물이 무생물이든 생물이든 상관하지 않고 역사합니다. 하나님이 온 세계를 다스린다는 말은, 세계 안에는 하나님 말씀의 권세 아래 순종하지 않는 피조물이 없다는 뜻입니다. 하나님의 말씀은 마른 뼈들 사이에서 소생의 몸짓을 창조하고 말씀에 반응하는 움직임을 불러일으킵니다. 아무리 신세대 젊은이라고 해도, 아무리 완강한 무신론자라고 해도 하나님의 말씀을 듣고도 못 들은 체할 수 없습니다. 사람들은 하나님의 말씀을 듣게 되면 소리를 내면서 움직이게 되어 있습니다. 뿔뿔이 흩어져 널브러져 있던 마른 뼈들도 예언자가 대언한 하나님의 말씀에 복종하며 서로 연결되고 접촉하는 소리를 내기 시작합니다. 하나님의 말씀은 마른 뼈들처럼 분해되고 파편화되어 있는 개인들을 서로 연락(聯絡)되게 합니다. 하나님의 말씀은 뿔뿔이 흩어져 있던 무기력한 개개인들을 연락시키며 하나의 생명체(유기체)로 결속시킵니다. 에스겔의 첫 대언이 이런 놀라운 변화를 가져왔습니다.

하지만 믿음과 순종의 결과인 에스겔의 대언에도 불구하고, 서로 들어맞고 연락된 뼈들, 살과 가죽으로 덧입혀진 몸속에는 아직 생기가 없습니다.

> 내가 또 보니 그 뼈에 힘줄이 생기고 살이 오르며 그 위에 가죽이 덮이나 그 속에 생기는 없더라(겔 37:8).

뼈와 힘줄과 살갗만 구비되고 생기가 없는 모습은, 현대 정신의 피상성을 상기시킵니다. 오늘날은 참으로 겉껍데기인 외모에 치중하는 문화에 지배당하고 있습니다. 많은 사람들이 살과 가죽을 화장하는 수준에서 자신들의 외모를 가꿉니다. 여성지는 어떻게 외모를 가꿀 것인지에 많은 지면을 할애합니다. 하지만 기억하십시오. 외모가 아무리 아름답고 곱게 관리되었다 하더라도, 그 속에 생기가 없다면 그 가죽과 살은 무생물과 같은 육체에 불과합니다. 취업 면접에서 외모가 중시된다는 소문 때문에 젊은이들이 너나 할 것 없이 성형수술, 박피제거 수술을 감수한다고 합니다. 외국 신문까지 한국의 성형 열기를 화제기사로 다룰 정도입니다. 이처럼 외모 지상주의와 얄팍한 상술이 담합하여 젊은이들을 현혹하고 있습니다. 그러나 실상은 속사람이 발산하는 생기로 충만한 사람이, 살과 가죽의 아름다움을 가꾸는 사람에 비해 훨씬 주목을 받기 마련입니다. 취업 면접에서도 이것은 진실입니다. 애굽 왕 바로와 그의 신하들이 요셉의 지혜와 명철 앞에서 다음과 같이 감탄을 터뜨리지 않았습니까? "이와 같이 하나님의 신이 감동한 사람을 우리가 어찌 얻을 수 있으리요"(창 41:38). 바벨론 왕의 산해진 미와 포도주로 자신들을 더럽히지 않기로 결심한 다니엘과 세 친구 는 채식을 하고도 한결 윤택한 얼굴빛으로 왕 앞에 나아갈 수 있었습 니다. 생기가 그들을 지배했기 때문입니다. 속사람이 하나님의 생기로 가득 차 있지 않은 사람은 여전히 마른 뼈, 살과 가죽 수준의 생명에 머물러 있는 셈입니다.

에스겔의 두번째 대언 사역으로 인해 사방에서 생기가 불어옵니 다. 살과 가죽을 덧입었으나 아직 생기를 받지 못한 마른 뼈들에게 생 기를 향한 대언이 역사하기 시작합니다.

> 또 내게 이르시되 인자야, 너는 생기를 향하여 대언하라. 생기에게 대언
> 하여 이르기를 주 여호와의 말씀에 생기야, 사방에서부터[사방의 바람들
> 로부터] 와서 이 사망을 당한 자에게 불어서 살게 하라 하셨다 하라(겔
> 37:9).

여기서 우리는 예언자의 본질적인 사명을 봅니다. 예언자는 하나 님의 생기를 고취시키는 사람입니다. 창세기 2:7에 보면, 하나님은 흙 덩이로 누워 있는 아담에게 "생기"(the breath of life)를 불어넣으십니 다. 하나님은 대언자를 통해 창세기 2장의 창조 사역을 여기서도 지속 하시는 것입니다. 에스겔은 사방의 바람들로부터 생기(바람 또는 영)를 불러냅니다. 그런데 어디를 향해, 누구를 위해 그 생기를 불러내고 있

습니까? 생기는 살해당한 사람들에게 불고 있습니다. 살해당한 자들
이란 바벨론 포로 경험을 통해 살해당한 이스라엘과 유다의 동포들을
가리킵니다. 살해당한 자들이란 자연스럽게 죽은 사람이 아니라 역사
의 재난과 전쟁으로 죽은 사람들입니다. 에스겔은 바로 그런 살해당한
회중들을 향해 생기를 불러냅니다. 어떤 의미에서 보면, 교회 강단에
서 이뤄지는 설교 사역은 사방의 생기로부터 하나님의 생기를 불러내
는 작업입니다. 하나님의 말씀은 생기 곧 신바람, 희망의 바람을 불러
오는 수레입니다. 하나님의 생기, 살리는 기운, 에너지는 하나님의 능
력입니다. 예수님은 말씀하십니다.

> 살리는 것은 영이니 육은 무익하니라. 내가 너희에게 이른 말이 영이요
> 생명이라(요 6:63).

하나님의 말씀을 대언하면 하나님의 영이 전달된다는 것입니다.
여기서 에스겔은 대언 행위의 깊은 신학적 차원을 친히 경험합니다.
말씀의 대언 행위가 하나님의 영을 고취시키는 사역이라는 것을 깨달
은 것입니다. 말씀을 대언했더니 그것을 들은 사람에게 하나님의 생기
가 들어가는 것이었습니다.

> 이에 내가 그 명대로 대언하였더니 생기가 그들에게 들어가매 그들이
> 곧 살아 일어나서 서는데 극히 큰 군대더라(겔 37:10).

심히 많은 마른 뼈들이 하나님의 생기에 노출되자마자 지극히 큰

군대로 부활합니다. 이스라엘을 하나님의 군대라고 지칭하는 구약책은, 가나안을 향한 이스라엘의 행진을 다루고 있는 출애굽기(12:41)와 민수기(10:28)입니다. 바벨론 포로들이 하나님의 군대로 부활했다는 말은, 불원간 또 하나의 출애굽과 또 하나의 가나안 복귀 행진이 시작될 것임을 통고하는 셈입니다. 마른 뼈들은 바벨론이라는 무덤 속에서 사멸되지 않고 하나님의 군대로 부활해 가나안 땅으로 복귀 행진을 시작할 것입니다. 이 기적의 창조자는 하나님이시며 하나님의 말씀입니다. 그러나 부활 기적의 인간 매개자는 말씀의 대언자입니다. 대언자의 순종과 믿음에 의해 마른 뼈들이 부활한 것입니다. 11절은 마침내 하나님의 지극히 큰 군대로 부활하는 마른 뼈들의 정체를 밝히 드러냅니다.

> 또 내게 이르시되 인자야, 이 뼈들은 이스라엘 온 족속이라. 그들이 이르기를 우리의 뼈들이 말랐고 우리의 소망이 없어졌으니 우리는 다 멸절되었다 하느니라(겔 37:11).

결국 에스겔이 생기를 향해 대언해 살려 낸 마른 뼈들은 너무나 오랫동안 계속되는 포로생활에 지치고 낙심한 유다의 포로들이었습니다. 그들은 스스로를 마른 뼈라고 칭했으며 소망이 없다고 말합니다. 소망이 없어졌기 때문에 그들은 다 멸절되었다고 말합니다. 그렇습니다. 소망이 끊어진 사람들은 실로 멸절된 사람들임에 틀림없습니다. 제사장 에스겔은 포로로 잡혀 온 이래로 약 12년 동안 소망이 끊어진 사람들에게 목회를 하고 있었던 셈입니다. 그는 가시와 찔레와 전갈처럼 회중들에게 찔리고 물려 가며 예언 활동을 해오고 있었습니다. 자신의 메시지에 완악하게 대항하는 유다 포로들을 상대로, 하나님이 열어 주시는 미래를 바라보도록 부단하게 설득해 왔습니다. 그러나 그들은 냉소와 야유, 적대심과 무관심으로 반응했습니다. 뼈 속 깊이 절망의 언어에 지배되고 있었기 때문입니다. "고국으로 돌아갈 소망이 끊어졌다. 우리는 바벨론이라는 무덤 속에서 백골이 되어 죽어갈 것이다." 에스겔 골짜기 심연에는 이런 자학적이고 자조적인 속삭임이 왕노릇 하고 있었습니다. 그러나 에스겔은 자학적이고 자조적인 회중들에게 하나님의 길을 제시합니다. 이 절망의 군상들에게 하나님은 고토로 돌아갈 희망을 불어넣으십니다.

> 그러므로 너는 대언하여 그들에게 이르기를 주 여호와의 말씀에 내 백성들아, 내가 너희 무덤을 열고 너희로 거기서 나오게 하고 이스라엘 땅으로 들어가게 하리라(겔 37:12).

이 문장 역시 말하는 이의 의지를 강조하는 의지미래로 표현됩니다. "내가 너희들로 무덤에서 나와 고국으로 돌아가게 하겠다"는 뜻입니다. "내가 너희들 속에 성신으로 충만하게 하겠다"는 뜻입니다.

> 내 백성들아, 내가 너희 무덤을 열고 너희로 거기서 나오게 한즉 너희가 나를 여호와인 줄 알리라. 내가 또 내 신을 너희 속에 두어 너희로 살게 하고 내가 또 너희를 너희 고토에 거하게 하리니 나 여호와가 이 일을 말하고 이룬 줄을 너희가 알리라. 나 여호와의 말이니라 하셨다 하라(겔 37:13-14).

하나님은 당신 자신이 역사의 주재자 되심을 입증하기 위해 먼저 약속을 주시고 그 다음에 그 약속을 성취하십니다. 약속-성취 도식은 하나님이 역사의 주관자임을 입증하는 탄탄한 공식입니다. 그러므로 하나님은, 자신을 가리켜 예언자를 통해 말씀하신 후 스스로 그 말씀을 성취하시는 분으로 소개합니다(14절). 대언자는 하나님의 약속을 대언해 그의 청중들로 하여금 그 대언을 믿게 만드는 사람입니다. 하나님은 지금도 당신의 말씀을 대신할 대언자를 찾으십니다. 우리도 하나님의 열망과 의지와 계획과 감정을 익숙하게 알고 체질화하면, 하나님의 말씀을 대언할 수 있습니다. 하나님의 말씀을 대언하기만 하면, 변화와 부활의 역사가 나타나기 마련입니다.

영적 갱생과 겨레의 통일

마른 뼈들의 부활은 하나님의 거대한 회복 역사의 서론에 불과했습니다. 포로들의 영적 갱생은 고토 복귀와 북이스라엘-남유다의 평화 통일로 이어졌습니다. 본문은 회복된 포로들이, 하나님 백성들과의 적대적 과거를 청산하고 새로운 연합과 일치를 주도할 주체 세력이 될 것임을 예고합니다. 실상 에스겔이 바벨론 포로들의 고토 복귀와 남유다와 북이스라엘의 통일과 연합을 꿈꾸고 있었던 주전 6세기는 북이스라엘이 멸망한 지 이미 150여 년이 경과한 시점이었습니다. 주전 721년에 북이스라엘이 앗수르의 속주로 강제 편입되고, 열 지파는 정치적 독립을 대부분 상실했습니다. 북이스라엘의 영토에는 앗수르가 강제 이주시킨 이민족들이 살게 되었고 많은 귀족과 왕족들이 메소포타미아 지역으로 유배되었습니다. 따라서 북이스라엘의 열 지파는 잃어버린 양으로 여겨졌습니다. 그러나 남유다의 민족주의적인 왕들과 예언자들은, 잃어버린 열 지파의 회복과 남유다와 이스라엘의 통일과 연합에 대한 희망을 포기하지 않았습니다. 특히 히스기야 왕과 요시야 왕은 북이스라엘의 남은 지파들을 유다로 통합하기 위해 노력했습니다(대하 30:1-12, 왕하 23:15-30). 주전 8세기 예언자들도 남북 지파의 연합과 통일에 대한 희망을 쉼없이 피력했습니다(암 9:11-15, 호 1:10-11, 사 11:12-13). 에스겔의 정신적 선배 위치에 있었던 포로기 예언자 예레미야도 남북 지파의 연합에 대한 강력한 비전을 선포했습니다(렘 3:6-8; 30:1-3, 8-9). 에스겔은 이 같은 구원사적인 전통의 계승자였습니다.

그러므로 에스겔 자신도 남북 겨레의 연합과 일치에 대한 희망을 절대 버리지 않았습니다. 그는 애초부터 이스라엘과 유다의 죄를 짊어지고 괴로워하는 예언자로 부름을 받았습니다(겔 4:4-6). 그는 수시로 자매 왕국 사마리아의 회복에 대해 말합니다(16:46-58). 에스겔은 그의 예언서 전체에 걸쳐서 "유다"라는 칭호보다는 "이스라엘"이라는 표현을 더 자주 사용합니다. 그는 유다와 이스라엘을 통틀어 "이스라엘의 온 족속"이라는 말로 표현합니다(11:15; 37:11). 그에게는 남북 분단이란 아예 존재하지 않았던 일이기 때문입니다. 에스겔에게 하나님 백성의 부활은 다음의 네 가지 요소를 포함하는 미래를 의미합니다. 첫째, 유다와 이스라엘 포로들의 고토 복귀입니다. 둘째, 남유다와 북이스라엘의 통일과 연합입니다. 셋째, 고토에서 율법을 준수함으로써 번영과 안전 확보와 평화 및 민족적 화해의 경험입니다. 넷째, 다윗 왕과 같은 이상왕에 의한 계약 공동체성의 회복이었습니다.

하지만 그가 그리던 이 네 가지 미래상은 그 앞에 놓여 있던 현실과 정반대였습니다. 현실적으로 이스라엘과 유다로 나누인 하나님의 백성은 분열되어 있었고 민족의 주도 세력은 이방 땅 포로생활에 매여 있었습니다. 본토에서나 이방 땅에서나 이스라엘과 유다의 백성들은 하나님의 율법 준수에 실패하여 스스로를 이방인의 하나인 것처럼 더럽혔습니다. 남유다와 북이스라엘의 남은 백성들은 나라가 망한 뒤에도 화해는커녕 아직도 해소되지 않은 긴장과 적대감을 조성하고 있었습니다. 무엇보다 슬픈 사실은, 유다와 이스라엘의 남은 백성들이 거짓된 지도자들에 의해 노략질당하고 있었다는 사실입니다(겔 34장).

여호와의 말씀이 또 내게 임하여 가라사대 인자야, 너는 막대기 하나를 취하여 그 위에 유다와 그 짝 이스라엘 자손이라 쓰고 또 다른 막대기 하나를 취하여 그 위에 에브라임의 막대기 곧 요셉과 그 짝 이스라엘 온 족속이라 쓰고 그 막대기들을 서로 연합하여 하나가 되게 하라. 네 손에서 둘이 하나가 되리라. 네 민족이 네게 말하여 이르기를 이것이 무슨 뜻인지 우리에게 고하지 아니하겠느냐 하거든 너는 곧 이르기를 주 여호와의 말씀에 내가 에브라임의 손에 있는 바 요셉과 그 짝 이스라엘 지파들의 막대기를 취하여 유다의 막대기에 붙여서 한 막대기가 되게 한즉 내 손에서 하나가 되리라 하셨다 하고, 너는 그 글 쓴 막대기들을 무리의 목전에서 손에 잡고 그들에게 이르기를 주 여호와의 말씀에 내가 이스라엘 자손을 그 간 바 열국에서 취하며 그 사면에서 모아서 그 고토로 돌아가게 하고 그 땅 이스라엘 모든 산에서 그들로 한 나라를 이루어

서 한 임금이 모두 다스리게 하리니 그들이 다시는 두 민족이 되지 아니
하며 두 나라로 나누이지 아니할지라. 그들이 그 우상들과 가증한 물건
과 그 모든 죄악으로 스스로 더럽히지 아니하리라. 내가 그들을 그 범죄
한 모든 처소에서 구원하여 정결케 한즉 그들은 내 백성이 되고 나는 그
들의 하나님이 되리라(겔 37:15-23).

이스라엘과 유다의 통일을 다루는 막대기 비유는 이스라엘을 하
나님의 군대로 조직하는 주제를 다룬 민수기 17:1-13의 빛 아래서 가
장 잘 이해할 수 있습니다. 그 구절에는 나무(판)에 이스라엘 조상 두
령들의 이름을 적는 장면이 나옵니다. 에스겔서에서 말하는 "막대기"
는 민수기에서 말하는 "지팡이"와 같은 물건을 지칭하는 것 같습니다.
두 경우 다 글자를 쓰는 나무 막대기를 의미합니다. 또한 막대기는 이
차적으로는 목자의 막대기로서, 다윗 왕과 같은 이상왕의 영도력을 가
리킨다고도 볼 수 있습니다. 어쨌든 요셉 지파와 유다 지파는 예언자
의 손, 곧 하나님의 손안에서 하나가 될 것입니다. 요셉 지파의 이름을
쓴 막대기와 유다 지파의 이름을 쓴 막대기의 결합은 두 지파의 정치
적·인적 통합을 의미합니다. 야웨 하나님의 손안에서 두 막대기로 대
표되는 왕국이 합해질 것입니다. 하나님의 손안에서 통일된다는 말은
또 다른 의미에서 이상왕 다윗의 영도력 아래 남북 왕국이 통일된다
는 말이기도 합니다. 그래서 곧장 다윗 왕의 영도력에 대한 언급이 뒤
따라 나옵니다.

내 종 다윗이 그들의 왕이 되리니 그들에게 다 한 목자가 있을 것이라.

그들이 내 규례를 준행하고 내 율례를 지켜 행하며 내가 내 종 야곱에게 준 땅 곧 그 열조가 거하던 땅에 그들이 거하되 그들과 그 자자 손손이 영원히 거기 거할 것이요 내 종 다윗이 영원히 그 왕이 되리라. 내가 그들과 화평의 언약을 세워서 영원한 언약이 되게 하고 또 그들을 견고하고 번성케 하며 내 성소를 그 가운데 세워서 영원히 이르게 하리니 내 처소가 그들의 가운데 있을 것이며 나는 그들의 하나님이 되고 그들은 내 백성이 되리라. 내 성소가 영원토록 그들의 가운데 있으리니 열국이 나를 이스라엘을 거룩케 하는 여호와인 줄 알리라 하셨다 하라(겔 37:24-28).

인상적인 사실은, 이스라엘 민족의 미래는 다윗 왕의 다스림 아래 전례 없는 번영과 평화를 누리는 시대가 될 것이라는 주장입니다. 여기서 다윗 왕은 에스겔 34장의 이상적인 목자 다윗 왕을 가리킵니다. 다윗 왕은 북이스라엘 지파와 남유다 지파를 통일시킨 이상적인 목자의 전범(典範)으로 제시됩니다. 이스라엘의 부활이 단순히 영적·정신적 차원의 부활이 아님을 여기에서 알 수 있습니다. 이스라엘의 부활은 현실 정치적 부활이며 영토적 부활입니다. 하나님 백성들의 미래에는 다윗 왕과 같은 위대한 현실 정치가의 역할도 중요합니다. 에스겔서에서 이상적인 왕의 전범으로서 다윗 왕을 직간접으로 회고하거나 언급하는 곳이 세 군데 있습니다(17:22-24; 34:23-24; 37:24-28, 사 11:1, 렘 23:5; 33:15, 슥 3:8; 6:12 참조). 본문과 좀더 직접적으로 관련된 구절은 34:23-24입니다. 두 본문 모두 사무엘하 7:12-16의 다윗 언약을 상기시키고 있습니다. 두 본문 모두 다윗 왕과 같은 이상왕이 실현시킬 평화와 번영의 시대를 말합니다. 다윗 왕과 같은 이상왕이 다스리는 나라는 하나님의 율법을 완전하게 준수함으로써 하나님과의 계약적 친밀성을 유지하는 나라입니다. 백성들은 수치스러운 우상을 다 버릴 것이며 정결해진 양심으로 하나님의 율법을 전심으로 준행할 것입니다. 백성들의 삶 한가운데에 하나님의 성소가 서게 될 것이며, 하나님은 백성 한복판에서 당신의 보호와 임재와 축복을 제공할 것입니다. 야웨는 이스라엘의 하나님이 되고 이스라엘은 야웨의 백성이 되어 이상적인 계약적 친밀성을 경험하게 될 것입니다(겔 37:23). 이스라엘 백성 한복판에 있는 하나님의 성소는 전 세계 만민에게 하나님의 살아 계심과 왕 되심을 증명하는 증거물이 될 것입니다(37:26-28).

에스겔의 예언 사역의 정수는 바벨론 포로생활이라는 무덤 속에서, 서서히 말라 가던 뼈들과 같이 절망적인 포로들에게 고토 회복의 꿈을 심는 데서 시작합니다. 그의 예언자적 목회는 아무런 연결이나 친밀성 없이 파편처럼 나뒹굴던 뼈들을 하나님의 군대로 재조직하여, 가나안 땅 고토로 복귀 행진을 앞장서 이끄는 데서 구체화됩니다. 에스겔이 고취한 미래 비전에 의하면, 가나안 고토로 복귀한 후에 오랫동안 분열과 적대심으로 찢겨졌던 이스라엘과 유다가 하나님의 손안에서, 그리고 이상적인 다윗 왕 계열의 현실 정치적 군주의 지도력 아래서 통일과 연합을 성취할 것입니다. 다윗 왕 같은 이상적인 지도자 아래서 통일되고 화해된 이스라엘은 수치스럽고 혐오스러운 우상숭배 습속을 완전히 버릴 것입니다. 하나님의 율법을 전심으로 지킴으로 다시 찾은 고토 가나안 땅은 엄청난 번영과 평화를 누릴 것입니다. 하나님은 그들에게 평화의 언약을 맺으시고 그들 한가운데 당신의 성소를 펴실 것입니다. 하나님과 이스라엘은 아주 긴밀한 계약적 친밀과 사귐을 누리며 영원토록 살 것입니다. 세계 열방은 이스라엘의 한복판에 장막을 친 하나님의 성소를 보면서, 하나님의 살아 계심을 맛보고 하나님의 왕 되심을 고백하기에 이를 것입니다. 이스라엘 백성이 흉악한 우상숭배의 죄를 범하다가 온 세계에 흩어지는 심판의 장면을 목격하고 조롱과 야유를 보냈던 바로 그 열방들이, 이제는 이스라엘 중에 계신 하나님의 성소를 보고, 이스라엘을 거룩한 백성으로 빚어 가시는 하나님의 다스리심을 보고, 야웨 하나님만이 참 신이요 만주의 주이심을 고백하게 될 것입니다.

그들을 그 행위대로 심판하여 각국에 흩으며 열방에 헤쳤더니 그들의 이른바 그 열국에서 내 거룩한 이름이 그들로 인하여 더러워졌나니 곧 사람들이 그들을 가리켜 이르기를 이들은 여호와의 백성이라도 여호와의 땅에서 떠난 자라 하였음이니라. 그러나 이스라엘 족속이 들어간 그 열국에서 더럽힌 내 거룩한 이름을 내가 아꼈노라. 그러므로 너는 이스라엘 족속에게 이르기를 주 여호와의 말씀에 이스라엘 족속아, 내가 이렇게 행함은 너희를 위함이 아니요 너희가 들어간 그 열국에서 더럽힌 나의 거룩한 이름을 위함이라. 열국 가운데서 더럽힘을 받은 이름 곧 너희가 그들 중에서 더럽힌 나의 큰 이름을 내가 거룩하게 할지라. 내가 그들의 목전에서 너희로 인하여 나의 거룩함을 나타내리니 열국 사람이 나를 여호와인 줄 알리라. 나 주 여호와의 말이니라. 내가 너희를 열국 중에서 취하여 내고 열국 중에서 모아 데리고 고토에 들어가서 맑은 물로 너희에게 뿌려서 너희로 정결케 하되 곧 너희 모든 더러운 것에서

와 모든 우상을 섬김에서 너희를 정결케 할 것이며 또 새 영을 너희 속
에 두고 새 마음을 너희에게 주되 너희 육신에서 굳은 마음을 제하고
부드러운 마음을 줄 것이며 또 내 신을 너희 속에 두어 너희로 내 율례
를 행하게 하리니 너희가 내 규례를 지켜 행할지라. 내가 너희 열조에게
준 땅에 너희가 거하여 내 백성이 되고 나는 너희 하나님이 되리라(겔
36:19-28).

사랑하는 형제자매 여러분! 스스로를 마른 뼈라고 생각하는 사람
들도 하나님의 명령을 들으면 살아날 수 있습니다. 무덤 속에서 썩어
가고 있는 무생물과 같은 사람들도 생기를 향해 대언하는 대언자의
말씀을 듣고 용맹무쌍한 하나님의 전사로 소생할 수 있습니다. 희망을
앗아가는 거친 현실 속에서 하나님의 말씀에 초점 잡힌 청종을 드립
시다. 그리고 하나님의 전사로 부활하십시다.

4

하나님 보좌에서 흘러내리는 생명의 강

에스겔 47:1-12

에스겔 47:1-12

그가 나를 데리고 성전 문에 이르시니 성전의 앞면이 동쪽을 향하였는데 그 문지방 밑에서 물이 나와 동쪽으로 흐르다가 성전 오른쪽 제단 남쪽으로 흘러 내리더라. 그가 또 나를 데리고 북문으로 나가서 바깥 길로 꺾여 동쪽을 향한 바깥 문에 이르시기로 본즉 물이 그 오른쪽에서 스며 나오더라. 그 사람이 손에 줄을 잡고 동쪽으로 나아가며 천 척을 측량한 후에 내게 그 물을 건너게 하시니 물이 발목에 오르더니 다시 천 척을 측량하고 내게 물을 건너게 하시니 물이 무릎에 오르고 다시 천 척을 측량하고 내게 물을 건너게 하시니 물이 허리에 오르고 다시 천 척을 측량하시니 물이 내가 건너지 못할 강이 된지라. 그 물이 가득하여 헤엄칠 만한 물이요 사람이 능히 건너지 못할 강이더라. 그가 내게 이르시되 인자야, 네가 이것을 보았느냐 하시고 나를 인도하여 강 가로 돌아가게 하시기로 내가 돌아가니 강 좌우편에 나무가 심히 많더라. 그가 내게 이르시되 이 물이 동쪽으로 향하여 흘러 아라바로 내려가서 바다에 이르리니 이 흘러 내리는 물로 그 바다의 물이 되살아나리라. 이 강물이 이르는 곳마다 번성하는 모든 생물이 살고 또 고기가 심히 많으리니 이 물이 흘러 들어가므로 바닷물이 되살아나겠고 이 강이 이르는 각처에 모든 것이 살 것이며 또 이 강 가에 어부가 설 것이니 엔게디에서부터 에네글라임까지 그물 치는 곳이 될 것이라. 그 고기가 각기 종류를 따라 큰 바다의 고기 같이 심히 많으려니와 그 진펄과 개펄은 되살아나지 못하고 소금 땅이 될 것이며 강 좌우 가에는 각종 먹을 과실나무가 자라서 그 잎이 시들지 아니하며 열매가 끊이지 아니하고 달마다 새 열매를 맺으리니 그 물이 성소를 통하여 나옴이라. 그 열매는 먹을 만하고 그 잎사귀는 약 재료가 되리라.

앞의 두 에스겔 설교에서 살펴보았듯이, 에스겔의 인생은 조국의 멸망과 더불어 구겨진 휴지조각처럼 산산조각 났습니다. 그의 인생은 보통 사람이 감당할 수 없는 비극의 무게로 망가졌습니다. 주전 597년에 그는 여호야긴 왕, 젊은 귀족들, 많은 기능공들, 국가 기간요원급 관리들과 함께 바벨론에 포로로 잡혀 왔습니다. 그의 나이 스물다섯이었습니다. 그는 대부분의 유다 포로들과 함께 유대인 집단 거주지에 살게 되었습니다. 그는 그발 강의 운하공사에 동원된 노동자로 전락했거나 강제노동에 동원된 유다 포로들의 영적 지도자로 배치되었던 것으로 보입니다. 자신이 유배된 주전 597년부터 유다가 완전히 멸망하는 주전 586년까지, 약 12년에 걸쳐 에스겔은 집중적으로 예언을 쏟아 냈습니다.

오늘 본문은 그의 활동 후기에 선포된 예언입니다. 우상의 소굴로 전락해, 파괴되어 버린 현실의 예루살렘 성전을 초극하는 예언자적인 상상과 비전이 에스겔 47장을 지배하고 있습니다. 우리는 이 본문을 해석하기 전에 바벨론의 유다 포로들이 처했던 신학적·영적 맥락을 간략하게 개관해 볼 필요가 있습니다.

무엇이 바벨론 유배를 초래했는가

당시 유다 본토에서는 물론이거니와 바벨론 포로들 사이에서도 나라의 멸망 및 바벨론 유배의 원인이 무엇인지에 대해 심각한 논쟁이 벌어지고 있었습니다. 갈등의 큰 축은 유다 본토에 남아 있던 자와 바벨론으로 유배당한 사람들 사이의 논쟁이었습니다. 인적 구성을 볼 때 바벨론 포로들은 대부분 유다 왕국의 핵심 권력자들이거나 중심 세력들이었습니다. 바벨론으로 유배당한 사람들은 국가 기관요원들이요, 고급 공무원 이상이었습니다. 왕족과 귀족, 제사장, 지주 가문의 자손이었습니다. 반면에 본토에 남아 있는 사람들은 빈천한 농민과 하급 공무원들이었습니다(왕하 24:14). 본토에서 유배를 면한 사람들은 포로로 잡혀간 사람들에 대해 상대적 우월감을 가지고 있었습니다. 하나님이 자신들을 이스라엘 역사를 이어갈 계승자로 선택했다고 주장하는 이들까지 나타났습니다. 그들에게 바벨론 유배는 일부 죄악된 사람들에게 일어난 하나님의 심판이었을 뿐입니다. 바벨론 포로들에 대한 그들의 태도는 이러했습니다. "너희들은 여호와의 땅을 멀리 떠나라! 우리가 남은 땅을 차지하리라!"

여러분, 이것은 실로 놀라운 해석입니다. 민족적 재난을 맞아 국가 기관요원들이 1천 킬로미터 떨어진 이역만리로 유배당해 운하공사에 강제 동원되어 노동자생활을 하고 있는데, 본토에 남아 있는 동포들이 어떻게 이처럼 냉혹할 수 있습니까? 자신들과 아무 상관없는 불행이라는 태도를 취하는 것이 말이 됩니까? "바벨론 포로들, 너희들은 멀리 떠날지어다. 우리는 너희들이 떠난 그 자리에 남은 땅을 차지하리

라. 여호와여, 영광을 받을지어다!" 그들은 포로로 잡혀간 사람들이 죄가 많아서 잡혀갔다고 주장했습니다. 이런 이유 때문에, 본토에 남아 있던 사람들과 포로로 잡혀간 사람들 사이에는 큰 갈등이 있었습니다.

보다 작은 단위의 갈등 축도 생겨났습니다. 그것은 바벨론 포로들 사이에 있었던 갈등입니다. 포로생활이 얼마나 오랫동안 지속될 것인가에 대한 문제를 두고 갈등이 일어났습니다. 어떤 사람들은 2년 내에 포로생활이 끝나리라는 단기 유배설을 주장했고(렘 26-29장) 어떤 사람들은 70년간 지속될 것이라는 장기 유배설을 주장했습니다. 전자가 바벨론의 정치 불안을 조장하고 부추기고 활용하려는 사람들이었다면 후자는 아예 바벨론에 장기 정착 채비를 갖출 것을 장려하는 사람들이었습니다. 후자의 입장을 가진 사람들은 바벨론의 정치 안정을 갈망했습니다. 에스겔은 이 포로생활이 쉽게 끝나지 않는다는 장기 유배설을 옹호한 사람이었습니다. 그는 소위 '엄중학파'였습니다. 모든 사물을 엄정하고 냉정하게 해석하는 엄중학파는 낙관주의를 경계하면서 사태와 사물의 경과와 진행을 최악의 시나리오를 기준으로 생각해 보는 입장입니다. 그에 비해 '명랑학파'는 모든 사태와 상황을 경쾌하고 낙관적인 방향으로 해석합니다. 제직회의나 당회에서 가장 늦게 발언하는 이들이 대개 엄중학파입니다. 그들은 늦게 말하지만 목소리를 쫙 깔고 '한마디 해도 되겠습니까?'라며 말문을 엽니다. 이에 비해 명랑학파는 대개 여당파, 왕당파입니다. 그들은 항상 '목사님 좋을 대로 하시죠. 잘 될 겁니다'라고 말합니다. 통계적으로 보면 명랑학파의 입장보다 엄중학파의 의견이 인기는 없지만, 결국 옳은 입장이었다는 추인을 받을 때가 많습니다. 특히 재난의 역사를 해석할 때에는 명랑학파의 해석보다는 엄중학파의 해석이 맞을 때가 많았습니다. 누가 엄중학파입니까? 성경에 기록된 예언자들은 전부 엄중학파입니다. 명랑학파는 대개 거짓 예언자들의 자가추진적 낙관주의의 옹호자였다는 평결을 받을 때가 많았습니다.

이런 엄중학파와 명랑학파의 갈등 와중에, 포로민 난민 목회를 하던 엄중학파 에스겔의 메시지는 인기를 끌지 못했습니다. 포로 난민들 자체가 이미 마음이 구겨지고 찌그러졌기 때문에 엄중학파의 재난에 대한 해석이 반발을 불러일으킨 것으로 보입니다. 난민들 대부분이 유력한 가문 출신이기 때문에, 유배 사태가 장기간 지속될 것이라고 생각하는 엄중학파의 해석은 배척되었습니다. 특히 그들은 바벨론에게 멸망당한 유다의 운명을 신학적으로 해석하는 것을 견디지 못했습니다. 자기 민족의 죄악을 엄중하게 추궁하되 사회 지도층과 지배 계층의 죄악을 통렬하게 규탄하며 엄정한 도덕적 추궁을 가하는 예언자적 역사 해석을 받아들이지 않았습니다. 오로지 바벨론에 대한 적개심을 불태우는 민족주의적 감성이 대중들에게 더 수월하게 와 닿았습니다.

예언자적 민족주의 사관이 결여된 역사 인식

이런 상황은 우리 대한민국의 근현대사 해석에서도 발견됩니다. 우리 민족은 41년간(1905-1945) 일본의 지배를 받았습니다. 이런 민족적 재난을 우리 민족의 도덕적 책임 추궁의 관점에서 해석한 사람이 없다는 것이 우리 역사의 큰 비극입니다.

함석헌 선생의 『뜻으로 본 한국역사』(처음 『성서 조선』에 연재될 당시의 제목은 "성서적 입장에서 본 조선역사"였음)가 처음에는 어느 정도 비슷한 입장을 개진하는가 싶었는데 후기에는 곁길로 빠져 버렸습니다. 범신론적 고난 섭리사관으로 기울어져 버렸습니다. 더 나중에는 범신론적 고난주의로 가 버렸습니다. 함석헌 선생이 예언자적인 관점을 좀 더 밀고 나갔더라면 좋았을 것이라는 아쉬움이 있습니다. 유교의 관점에서 조선의 붕괴와 몰락을 해석한 책도 거의 드뭅니다. 냉혹한 자기비판적 책임 추궁이 가해진 역사 반성의 기록이 거의 전무합니다. 북한의 조선역사는 계급사관의 관점에서 나름대로 책임을 추궁하는 시도가 엿보입니다만, 노동자 무산계급의 혁명 역량과 민족주체 역량에 대한 과도한 신뢰가 학문적 엄정성을 손상시킵니다.

이에 비해 이사야, 예레미야, 에스겔 등이 펼친 입장은 예언자적 민족주의 또는 민족주의적 예언자 사관이라고 말할 수 있을 것입니다. 예언자적 민족주의의 핵심은 민족 전체의 죄악을 규탄하되 단순히 역사적 재난을 강대국의 횡포 내지 팽창주의의 결과로만 보지 않는 것입니다. 예언자적 민족주의는 하나님이 우리 겨레의 죄악을 징치하시고 우리 겨레의 역사를 새롭게 하기 위해 강대국의 폭력과 압제적 지배라는 쓰레질과 쟁기질을 사용하셨다고 보는 입장입니다. 이 입장에 따르면, 바벨론의 제국주의적인 폭력보다 유다 백성의 죄악이 더 심각한 모순이 됩니다. 민족, 특히 지배층과 지도층의 죄악이 더 참담한 재난이며 바벨론의 군사적 위협은 종속변수라고 봅니다. 바벨론의 군사적 무력 시위가 근본 모순이 아니라 민족의 붕괴된 영적 질서, 도덕적 혼돈, 공평과 정의의 함몰이 더 근본적인 문제라는 것입니다. 예언자들은 자신을 포함한 동시대인들에게 이런 의미의 엄정한 도덕적·영적 책임을 추궁한 것입니다.

이광수, 최남선, 안창호, 조만식을 합해 보면 이런 예언자적 민족주의가 나올 것입니다. 지금 친일파라고 분류되는 사람 중에는 1937-1938년까지는 친일 활동을 하지 않은 이들이 많습니다. 친일파가 된 사람 중에는 일본의 문명 질서에 대한 선망과 조선의 도덕적 후진성에 대한 열등감을 안고 있던 이들이 많았습니다. 그러나 일제 치하에서 우리 민족의 도덕적 추궁은 일제의 억압 통치를 정당화하는 구실로 악용되기도 했습니다. 이광수나 최남선은 민족개조론을 외치면서 우리 민족의 정신적 취약점과 도덕적 열패성, 그리고 문화 정치적 후진성에 대해 신랄한 비판을 가했습니다. 만일 그들이 일제가 주는 어떤 혜택도 거부하면서(예레미야처럼) 그런 입장을 취했다면 좀더 설득력이 있었을 것입니다. 그러나 그들은 훨씬 개탄스러운 친일의 행보로 질주했기 때문에, 그 같은 민족의 책임에 대한 도덕적 추궁은 경청되지 못한 것입니다. 그럼에도 불구하고 그들은 우리 민족 내부의 모순을 지적하려 했습니다(물론 그들이 일제가 주입한 식민사관의 사주를 받았다고 볼 수도 있습니다). 그들은 일본적인 근대화를 선망하면서, 우리 민족의 갱생을 위해 더러운 화장실을 고쳐야 하고 민도(民道)가 깨어나야 하고 질서를 지켜야 하고 당파 싸움을 삼가야 한다고 강조했습니다. 이런 식으로 우리 민족의 죄를 추궁하려는 일각의 선각자들이 있었지만, 대일 항쟁이 치열해질수록 민족의 죄를 예리하게 통찰하는 예언자적 민족주의자들은 설 자리가 사라져 버렸습니다. 김구의 『백범일지』만 하더라도 항일의지는 불타지만 우리 민족의 죄책에 대한 뿌리 깊은 각성은 거의 보이지 않습니다. 그 와중에서도 안창호는 끝까지 그에 준하는 생각을 했던 인물입니다. 그러나 안타깝게도, 그 같은 수준의 기독교적 역사 의식마저도 제대로 계승되지 못하고 있습니다.

우리나라의 어떤 신문도 우리 민족의 분단 현실을 예언자적 민족주의의 관점에서 해석하려 하지 않습니다. 우리 민족의 분단 현실이 민족의 뿌리 깊은 죄와 관련이 있다고 해석하면 어디서도 환영받지 못할 것입니다. 미국 시카고 대학의 동아시아학과 교수이자 한국전쟁 연구의 세계적 권위자인 브루스 커밍스(Bruce Cumings)는 그의 책 『한국전쟁의 기원』(The Origins of the Korean War)에서, 한국전쟁의 주요 원인이 오랫동안 축적된 남북의 지역 갈등이라는 진단을 내놓습니다. 남침 북침 따위의 도식보다 우리 민족 내부의 모순, 북쪽 지역에 대한 남쪽 지역의 차별과 지배가 한국 분단과 전쟁의 한 원인을 제공했다는 것입니다. 이 책에는 많은 통계 자료와 수치들이 인증되고 있습니다.

일찍이 주전 8세기 유다의 예언자 이사야는, 당시 앗수르 제국의 팽창주의에 대한 유다 왕실의 반앗수르 정책을 비판하면서 예언자적 민족주의 관점을 제시했습니다. 모순의 핵심은 앗수르 제국의 팽창이 아니라 유다 왕국 내부의 양극화라는 것입니다. 앗수르 제국이 위협적인 것이 아니라, 땅에서 유리하여 방황하는 유다 왕국의 유민들인 가난한 자들이 문제라는 것입니다. 하나님의 법정에 직접 호소하는 가난한 자들의 아우성이야말로 한 공동체의 존립을 위태롭게 하는 비상 경보음이라는 것입니다.

예언자적 민족주의자 에스겔의 역사 인식

이사야 28장에는 이사야의 예언자적 민족주의에 따른 해석에 대한 당대 궁중 권력 정치가들의 대응이 소개되어 있습니다. 이사야의 메시지가 그들에게는 어린아이가 처음 알파벳을 배울 때 내는 어설픈 의성어 정도로 들렸다는 것입니다. "얼라라, 짜짜짜짜" 하는 치찰음과 파열음을 연습하는 어린아이의 유치한 소리라는 것입니다(사 28:9-13). 민족의 누적된 죄악과 앗수르의 침략을 연계시키는 이사야의 책임 추궁적 재난 해석은, 현실 정치를 모르는 젖비린내 나는 어린아이의 해석이라는 것입니다. 이사야의 예언자적 역사 해석은 이제 막 알파벳을 배우는 아이들 수준의 역사 인식이라는 비난을 받았습니다. 예레미야, 에스겔도 동일한 비난을 받았습니다.

이처럼 기독교인들이 예언자적인 민족주의의 빛으로 자신이 속한 공동체의 재난을 해석하면 지극히 유치하다는 비난을 들을 각오를 해야 합니다. 이런 입장을 가진 그리스도인은 맹목적 민족주의와 갈등을 일으킵니다. 미국의 진정한 그리스도인은 부시의 팽창주의적 민족주의와 충돌을 일으키고, 이라크의 참 그리스도인은 후세인의 민족주의와 충돌을 일으키고, 한국의 참 그리스도인은 극우적 국가 이데올로기와 어느 지점에서 충돌할 수 있습니다. 역사의 가장 성숙한 반성은 예언자적 민족주의입니다. 에스겔은 자신의 죄, 자기 민족의 죄악을 규탄하고 애통하며 새 역사를 꿈꿉니다. 한국 교회도 이처럼 성숙한 예언자적인 역사관을 형성해야 합니다. 우리 민족의 죄를 추궁하고 우리 민족의 죄책을 뒤집어쓰면서, 우리 민족이 하나님께 참혹한 죄를 지었다고 생각하는 자발적인 책임 전가의 역사관이 회개의 여지를 만듭니다. 이것이 성경의 원칙입니다. 그러나 이런 예언자적 민족주의는 많은 사람들에게 인기가 없는 역사 인식 패러다임이기 때문에 언제나 수난을 당할 수밖에 없습니다.

에스겔의 죄책 추궁의 예언은 청중들로부터 상당한 냉대와 반대를 불러일으켰습니다. 그는 설교할 때마다, 은혜 받았다고 말하나 속으로는 우상숭배하고 실제 삶에서는 하나님께 불순종하는 회중과 대결해야 했습니다(겔 14장, 20장). 조약돌 같은 교인들을 상대로 목회를 했던 것입니다. 에스겔의 설교에는 특별한 음악적 재능과 감화력이 있었지만, 회중들은 그의 말을 듣고도 말씀에 순종하지 않았습니다.

> 그들이 너를 음악을 잘하며 고운 음성으로 사랑의 노래를 하는 자 같이 여겼나니 네 말을 듣고도 준행치 아니하거니와 그 말이 응하리니 응할 때에는 그들이 한 선지자가 자기 가운데 있었던 줄을 알리라(겔 33:32-33).

에스겔의 큰 고난은 이런 것이었습니다. 그가 설교할 때마다 교인들이 앞에서는 "아멘"해 놓고도 뒤에 가서는 "노멘"하는 것이었습니다. 뿐만 아니라 엄중학파 예언자 에스겔은 설교를 하지 못하도록 동여매어져 폭력을 당하기도 합니다.

> 주의 신이 내게 임하사 나를 일으켜 세우시고 내게 말씀하여 가라사대 너는 가서 네 집에 들어가 문을 닫으라. 인자야, 무리가 줄로 너를 동여매리니 네가 그들 가운데서 나오지 못할 것이라. 내가 네 혀로 네 입천

장에서 붙게 하여 너로 벙어리 되어 그들의 책망자가 되지 못하게 하리니 그들은 패역한 족속임이니라. 그러나 내가 너와 말할 때에 네 입을 열리니 너는 그들에게 이르기를 주 여호와의 말씀이 이러하시다 하라. 들을 자는 들을 것이요 듣기 싫은 자는 듣지 아니하리니 그들은 패역한 족속임이니라(겔 3:24-27).

이 장면이 정확하게 어떤 장면인지 알 수 없지만, 맥락을 따라 추론은 할 수 있습니다. 설교하다가 포박되는 폭력을 당했다는 것입니다. 옳은 말을 하다가 집에 갇히고 속박당한 것입니다.

이어지는 4장을 보면, 에스겔은 북이스라엘 열 지파의 죄를 위해 390일 동안 모로 누워 있어야 하고, 유다를 위해서는 40일 동안 모로 누워 있어야 합니다. 그 다음 인분에 피운 불로 빵을 구워 먹어야 합니다. 원래 제사장은 시체를 만지거나 인분을 만져서는 안됩니다. 그것이 제사장을 부정하게 만든다고 믿었기 때문입니다. 그런데 에스겔은 인분에 피운 불에 밥을 해먹어야 하는 시련과 굴욕을 겪습니다. 이것은 무슨 뜻입니까? 거룩한 제사장이 인분으로 과자를 구워먹고 살아야 한다면, 보통 이스라엘 백성들이 어느 정도까지 더럽혀질 것인지 짐작하게 해줍니다. 에스겔은 자신의 식사 행위를 통해 이스라엘 민족의 거룩성이 심각하게 능욕당할 것이라는 메시지를 동족에게 보여준 것입니다. 그런데도 그들은 말귀를 알아듣지 못합니다.

이 상황을 종합해 보면, 참으로 끔찍한 시나리오가 만들어집니다. 즉 에스겔의 회중은 항상 패역할 각오를 하고 그의 설교를 들었고, 마음에 들지 않으면 때때로 그를 줄로 동여매어 집 안에 유폐시켰다는 것입니다. 그래서 예언자 에스겔은 아예 강대상에 설 수 없었고, 마침내 그는 자신의 제사장직의 상징인 머리털을 밀어 버립니다. 머리털은 제사장의 영적 영예요 권위의 상징입니다. 머리털을 밀어 버렸다는 것은 제사장직을 포기했다는 말입니다. 동시에 그것은 수염과 머리털을 깎인 피정복민 노예로 전락한 동포들의 운명에 동참하는 행위였습니다. 이처럼 에스겔은 일종의 자학적인 행위를 통해 행위 예언을 보인 셈이었습니다. 과연 그는 머리털을 날리면서 미친 사람처럼 거리를 쏘다녔던 것입니다. 이제 에스겔 자신이 머리를 밀어 버림으로써 포로살이를 떠나는 동포들의 운명을 예비적으로 극화해 본 것입니다. 포로로 잡혀갈 때 바벨론 정복자들은 왕족이나 귀족도 머리털을 다 밀어 버렸습니다. 머리털을 밀고 수염을 깎음으로써 그들의 포로 신분을 표시하려는 것입니다. 그러나 대부분의 경우 제사장들은 모자를 쓰고 다녔기 때문에 머리를 못 밀었습니다. 그래서 에스겔도 아직까지 머리털이 남아 있었던 것입니다.

그러나 에스겔은 그 제사장의 영예를 지킬 수 없었습니다. 최근에 영국 BBC 방송을 보니, 전 이라크 대통령 후세인도 수염을 깎은 속옷 차림으로 감방을 서성대는 굴욕을 강요당하고 있었습니다. 에스겔도 불원간에 포로로 잡혀갈 동족의 운명을 표현하기 위해 머리털과 수염을 깎았고, 잘라 낸 머리털과 수염을 광인처럼 흩뿌리며 다녔습니다. 그런데 하나님께서는 왜 에스겔이 이처럼 극단적인 행동을 하도록 명하셨습니까? 그 이유는 유다의 모든 성읍에 우상이 가득 찼기 때문입니다. 이제 유다 온 나라는 하나님의 심판을 받아 사막과 같이 될 것입니다. 하나님 백성의 거룩한 영예와 열국을 향한 제사장 나라로서의 광채를 상실하게 될 것입니다. 에스겔도 제사장의 영예를 상실하게 될 것입니다.

> 내가 너희 거하는 모든 성읍으로 사막이 되며 산당으로 황무하게 하리니 이는 너희 제단이 깨어지고 황폐하며 너희 우상들이 깨어져 없어지며 너희 태양상들이 찍히며 너희 만든 것이 다 폐하며(겔 6:6).

우상들의 복마전으로 전락한 예루살렘 성전

온 나라가 사막이 되어야 하는 더욱 명시적인 이유가 에스겔 8:3에 나옵니다. 이 구절은 오늘 우리가 살펴볼 47장과 긴밀하게 연결되어 있습니다.

> 그가 손 같은 것을 펴서 내 머리털 한 모숨을 잡으며 주의 신이 나를 들어 천지 사이로 올리시고 하나님의 이상 가운데 나를 이끌어 예루살렘으로 가서 안뜰로 들어가는 북향한 문에 이르시니 거기는 투기의 우상 곧 투기를 격발케 하는 우상의 자리가 있는 곳이라(겔 8:3).

그렇습니다. 예루살렘 성전 안에 하나님의 투기를 격발할 우상이 자리하고 있습니다. 그런데 그 우상숭배에 앞장선 사람이 누구입니까? 에스겔이 잘 알고 지내던 선배 장로들입니다.

내가 들어가 보니 각양 곤충과 가증한 짐승과 이스라엘 족속의 모든 우상을 그 사면 벽에 그렸고 이스라엘 족속의 장로 중 칠십 인이 그 앞에 섰으며 사반의 아들 야아사냐도 그 가운데 섰고 각기 손에 향로를 들었는데 향연이 구름 같이 오르더라(겔 8:10-11).

이것은 언뜻 보면 우상숭배로 보이지 않을 것입니다. 하지만 다음 절을 보면 이것이 우상숭배인 것을 알게 됩니다.

또 내게 이르시되 인자야, 이스라엘 족속의 장로들이 각각 그 우상의 방 안 어두운 가운데서 행하는 것을 네가 보았느냐. 그들이 이르기를 여호와께서 우리를 보지 아니하시며 이 땅을 버리셨다 하느니라(겔 8:12).

자기가 하나님께 죄를 지어 놓고 죄를 회개하기는커녕 오히려 하나님이 유다 땅을 버리셨다고 불평합니다. 자신들의 죄책이 무겁게 쌓여 유다 백성들이 그 땅에서 추방되었다고 진단하지 않고 모든 불행과 재난의 원인을 하나님 탓으로 돌립니다. 더욱 가증스러운 죄악은 담무스 여신 숭배입니다.

또 내게 이르시되 너는 다시 그들의 행하는 바 다른 큰 가증한 일을 보리라 하시더라. 그가 또 나를 데리고 여호와의 전으로 들어가는 북문에 이르시기로 보니 거기 여인들이 앉아 담무스를 위하여 애곡하더라(겔 8:13-14).

여기서 "담무스를 위해 애곡했다"는 말은 예루살렘 성전이 얼마나 철저하게 혼합종교의 복마전이 되어 버렸는가를 보여줍니다. 담무스 신은 자연 순환의 궤적을 따라 죽고 부활하는 일종의 자연신입니다. 수메르 신화에 의하면, 담무스 신은 죽음과 부활을 영원히 반복하는 신입니다. 담무스 신은 겨울에는 죽고 봄에는 부활한다고 믿어집니다. 담무스 신화에 의하면, 여사제가 애곡을 해야만 겨울 동면기 동안 죽어 있던 담무스 신이 봄에 부활합니다. 동면기에 들어간 신을 봄에 깨우는 의식이 여인들의 애곡 의식입니다. 죽은 담무스 신을 위해 애곡해야만 봄에 부활할 것이기에 여인들이 지금 울고 있는 것입니다. 그들은 야웨 하나님이 바벨론 군대로부터 예루살렘 성전을 보호해 주지 못한 것은 하나님이 죽었기 때문이라고 본 것입니다. 야웨 하나님이 마치 이방 자연신의 하나처럼 동면기에 들어갔다고 보는 것입니다. 야웨 하나님이 죽었기 때문에 하나님의 백성들을 지켜 주지 못했다고 생각했던 것입니다. 그래서 담무스 신의 여사제들이 야웨를 깨우기 위해 애곡하고 있는 것입니다. 여인들은 야웨 하나님을 자연신의 하나로 생각하고 있는 것입니다. 그들은 지금 자기 민족의 죄 때문에 바벨론의 침략이라는 하나님의 징벌을 받고 있는 현장을 이해하지 못하고 오히려 야웨 하나님이 죽었기 때문에 이런 재난이 왔다고 믿습니다. 따라서 담무스 신을 섬기는 여사제들이 애곡하는 것은 아주 진지하고 경건한 신앙의 표현입니다. 그들의 눈에는 우상숭배가 아니라 아주 심각한 종교의식입니다. 야웨 하나님이 죽었기 때문에 드리는 슬픔의 예배인 것입니다. 이처럼 유다 사회의 지도층은 완전히 부패하고 타락했으며, 성전은 가히 우상숭배의 본거지가 되어 버렸습니다. 이것이 주전 597년과 586년, 12년 사이에 있었던 일입니다.

8장이 장로들과 성직자들의 타락을 고발한다면, 11:1 이하는 고급 공무원의 타락을 보도합니다.

> 때에 주의 신이 나를 들어 데리고 여호와의 전 동문 곧 동향한 문에 이르시기로 본즉 그 문에 이십오 인이 있는데 내가 그중에서 앗술의 아들 야아사냐와 브나야의 아들 블라댜를 보았으니 그들은 백성의 방백이라 (겔 11:1).

본문의 무대는 어디입니까? 예루살렘 성전입니다. 에스겔의 예언 대상이 되는 무대는 대부분 이스라엘 본토입니다. 그런데 에스겔이 그 멀리서 예루살렘 성전에서 벌어지는 이 내밀한 일들을 어떻게 관찰할 수 있었겠습니까? 꼭 인공위성 중계를 통해 동영상을 보는 것 같지 않습니까? 이것은 다소간 신비로운 예언자적 환상 경험입니다. 이것을 비전(vision)이라고 합니다. 하나님의 비전은 대개 비몽사몽간에 경험되었습니다. 비몽사몽간은 잠자는 것도 아니고 깨어 있는 것도 아닌 경계 지점입니다. 현실과 초현실의 경계 지점에서 예언자들은 비전을 경험합니다. 여러분, 차라리 잠자 버리면 비전을 못 보고 개꿈을 보게 됩니다. 멀쩡하게 깨어 있어도 비전을 보지 못합니다. 깨어 있음과 잠듦의 중간 어딘가에서 비전이 발생합니다. 이 비전 중에 예언자들은 아마도 자유로운 시공간상의 이동을 경험한 것으로 보입니다. 예수께서 유다 광야에서 시험받으실 때, 비전 중에 예루살렘 성전으로 간 것입니다. 예루살렘 성전을 사이에 두고 유혹자와 대결했던 겁니다.

에스겔의 비전 경험은 1천 킬로미터 떨어진 공간을 넘나드는 경험이었습니다. 바벨론과 예루살렘은 약 1천 킬로미터 떨어져 있습니다. 이처럼 먼 거리를 초월하는 비전이 에스겔에게 임한 것입니다. 비전 경험은 과학적 경험은 아니지만 우리의 실제적 경험입니다. 과학적 경험이 아니라는 말은, 보편적이거나 증명 가능한 현상이 아니라는 말입니다. 항상 일정한 조건만 주어지면 반드시 일어나는 현상이 아니므로 과학적 현상은 아닙니다. 하나님의 신비로운 자유에 속한 일입니다. 하나님과 인간 사이의 의사소통 행위요, 사건이요, 실재요, 경험입니다. 하나님의 때에 하나님의 원하시는 방법대로 하나님이 선택한 사람에게 일어나는 일입니다.

에스겔은 쉴 새 없이 이같은 신비한 비전(이상)을 경험했기 때문에, 몸은 바벨론에 있으나 그의 정신은 하나님의 불전차를 타고 조국을 향해 날아올랐습니다. 조국에서 벌어지는 그 괴로운 일들이 폐부를 찌르고 심장을 찌르면서 타전되어 온 것입니다. 그는 이 비전 경험 속에서 예루살렘 성전 내부의 은밀한 우상숭배 행위도 꿰뚫어 알고 예루살렘 성중의 악한 음모도 알아차립니다. "여호와의 신이 내게 임하여 가라사대 너는 말하기를 여호와의 말씀에 이스라엘 족속아, 너희가 이렇게 말하였도다. 너희 마음에서 일어나는 것을 내가 다 아노라"(겔 11:5). 그가 하나님의 이상 중에 봤더니 자기의 아는 친구들과 선배들과 방백들이 악한 꾀를 도모하고 있었습니다.

그가 내게 이르시되 인자야, 이 사람들은 불의를 품고 이 성중에서 악한 꾀를 베푸는 자니라. 그들의 말이 집 건축할 때가 가깝지 아니한즉 이 성읍은 가마가 되고 우리는 고기가 된다 하나니(겔 11:2-3).

이 구절은 국가 공무원들, 본토에 남아 있는 지도자들이 하는 말입니다. "성읍은 가마가 되고 우리는 고기가 된다"는 말은 이제 예루살렘 성이 멸망당할 것을 암시하는 뜻입니다. 예루살렘 성읍이 가마고 예루살렘 성읍에 있는 성민들은 고기이기 때문에, 이제 불살라지고 삶아질 것을 암시한 것입니다. 이것은 매우 위험한 군사적 긴장 상태를 말합니다. 그런데 그 와중에 친한 친구가 죽었습니다.

이에 내가 예언할 때에 브나야의 아들 블라댜가 죽기로 내가 엎드리어 큰 소리로 부르짖어 가로되 오호라 주 여호와여, 이스라엘의 남은 자를 다 멸절하고자 하시나이까 하니라(겔 11:13).

의인은 요절하고 악한 방백들이 본토 유다의 정치를 좌우하고 있으니 에스겔은 얼마나 괴로웠겠습니까? 이처럼 에스겔은 한시도 괴롭지 않은 날이 없었습니다. 본토에 남아 정치를 좌우하는 방백들과 유력자들은 바벨론 포로로 잡혀간 사람들을 향해 추호의 동정심도 보여주지 않습니다.

여호와의 말씀이 내게 임하여 가라사대 인자야, 예루살렘 거민이 너의 형제 곧 너의 형제와 친속과 이스라엘 온 족속을 향하여 이르기를 너희는 여호와에게서 멀리 떠나라. 이 땅은 우리에게 주어 기업이 되게 하신 것이라 하였나니(겔 11:14-15).

본토에 남아 있는 사람들은 포로로 잡혀간 사람들을 야웨 하나님을 멀리 떠난 자들이라고 규정합니다. 땅은 이제 자신들의 몫이 되었다고 호언장담합니다.

하나님의 영광이 떠나다

그러나 에스겔에게 이보다 더 절망적인 현실은 성전 지성소의 그룹 보좌 위에 머물러 있던 하나님의 영광이 예루살렘 성전을 떠나려 한다는 점이었습니다. 솔로몬이 성전 낙성식을 올릴 때 성전을 가득 채웠던 야웨의 영광(왕상 8:11)이 이제 성전을 떠나려고 합니다. 에스겔보다 140년 전에 출현한 이사야 선지자만 하더라도 성전을 가득 채운 하나님의 영광을 보고 자복하지 않았습니까?(사 6:1-2) 그런데 그 야웨 하나님의 영광이 이제 떠나려 합니다.

> 때에 그룹들이 날개를 드는데 바퀴도 그 곁에 있고 이스라엘 하나님의 영광도 그 위에 덮였더니 여호와의 영광이 성읍 중에서부터 올라가서 성읍 동편 산에 머물고 주의 신이 나를 들어 하나님의 신의 이상 중에 데리고 갈대아에 있는 사로잡힌 자 중에 이르시더니 내가 보는 이상이 나를 떠난지라(겔 11:22-24).

여호와의 영광이 성전을 떠나는 것이 비전 동영상의 마지막 장면이었습니다. 그리고 이 동영상이 끝날 때 에스겔은 어디에 가 있습니까? 다시 예루살렘에서 1천 킬로미터 떨어진 포로 집단 거주지입니다. 몸은 비록 포로수용소 같은 곳에 붙들려 있지만, 그의 정신과 영은 조국에서 벌어지는 참담한 재난과 국가적 기풍의 붕괴 현장에 있었던 것입니다. 에스겔의 고통과 절망을 완성시킨 것은 바로 야웨 하나님의 영광이 떠나는 것이었습니다. 하나님의 영광이 떠나 버리고 나면 성전은 돌무더기로 전락할 것입니다. 하나님의 영광이 떠난다는 것은 성전 파괴의 운명을 예고하는 전조였습니다. 과연 에스겔은 아내의 죽음을 통해 성소의 파괴가 강요하는 슬픔을 미리 맛봅니다(겔 24:15-24). 사랑하는 아내의 갑작스런 죽음과 예루살렘 성전의 갑작스러운 파괴가 같은 사건처럼 다가온 것입니다.

> 여호와의 말씀이 또 내게 임하여 가라사대 인자야, 내가 네 눈에 기뻐하는 것을 한번 쳐서 빼앗으리니 너는 슬퍼하거나 울거나 눈물을 흘리거나 하지 말며(겔 24:15-16).

여기서 "네 눈에 기뻐하는 것"은 아내를 가리킵니다. 하나님이 쳐서 빼앗아 가실 것입니다. 그런데 지금 에스겔은 아내가 죽어도 "울지 말라"는 명령을 받습니다. 그는 진실로 절제와 의지도 있었으나 슬픔을 당하면 눈물을 터뜨리는 사내였습니다. 하지만 지금 아내의 죽음을 당하고도 울면 안됩니다. 친한 친구의 죽음 앞에서도 그저 대놓고 울 수 없습니다. 사랑하는 친구의 죽음 앞에서 '주여, 이스라엘의 남은 자를 다 멸망하실 것입니까!' 하고 소리치기만 할 뿐입니다. 자신이 잘 알고 있던 장로와 방백이 죄악을 짓는 것을 보고 경악하면서 '주여,

어찌 이런 일이 일어났습니까!'라고 탄식할 뿐입니다. 에스겔은 아예 죽은 자를 위해 슬퍼하거나 울지 말도록 명령받습니다.

> 죽은 자들을 위하여 슬퍼하지 말고 종용히 탄식하며 수건으로 머리를 동이고 발에 신을 신고 입술을 가리우지 말고 사람의 부의하는 식물을 먹지 말라 하신지라(겔 24:17).

공적으로 장례식을 치르지 말라는 뜻입니다. 슬픔을 삼키라는 것입니다. 이에 에스겔은 순종합니다. "내가 아침에 백성에게 고하였더니 저녁에 내 아내가 죽기로 아침에 내가 받은 명령대로 행하매"(18절). 에스겔은 슬픔을 삼킨 채 아내의 장례식도 치르지 못했습니다. 그랬더니 백성이 그에게 '왜 아내가 죽었는데 너는 이렇게 차가운 석고 상처럼 서 있느냐'고 묻습니다(19절). 이 질문에 대한 에스겔의 답변이 다음 본문에 나옵니다.

> 너는 이스라엘 족속에게 이르기를 주 여호와의 말씀에 내 성소는 너희 세력의 영광이요 너희 눈의 기쁨이요 너희 마음에 아낌이 되거니와 내가 더럽힐 것이며 너희의 버려 둔 자녀를 칼에 엎드러지게 할지라. 너희가 에스겔의 행한 바와 같이 행하여 입술을 가리우지 아니하며 사람의 식물을 먹지 아니하며 수건으로 머리를 동인 채 발에 신을 신은 채로 두고 슬퍼하지도 아니하며 울지도 아니하되 죄악 중에 쇠패하여 피차 바라보고 탄식하리라. 이와 같이 에스겔이 너희에게 표징이 되리니 그가 행한대로 너희가 다 행할지라. 이 일이 이루면 너희가 나를 주 여호와인 줄 알리라 하라 하

섰느니라. 인자야, 내가 그 힘과 그 즐거워하는 영광과 그 눈의 기뻐하는 것과 그 마음의 간절히 생각하는 자녀를 제하는 날 곧 그날에 도피한 자가 네게 나아와서 네 귀에 그 일을 들리지 아니하겠느냐(겔 24:21-26).

이 본문의 논지를 풀어 쓰면, 아마도 다음과 같은 말이 될 것입니다. 아내의 죽음을 왜 그토록 초연하게 맞이하느냐는 회중 동포들의 질문에 에스겔은, 아내를 잃고 경악하고 탄식하는 자신의 모습이 '성전 파괴 현장에서 너무나 경악하고 죄악 중에 쇠패해 피차 바라보고 탄식밖에 할 수 없는 이스라엘 백성들에게 표징이 될 것이다'라고 답변하고 있는 것입니다. 21절에서 말하는 "너희 눈의 기쁨"은, 에스겔에게는 자신의 사랑스러운 아내요 이스라엘 백성들에게는 예루살렘 성전입니다. 에스겔은 이렇게 말하는 것입니다. '내 아내의 죽음을 통해 우리 눈의 기쁨인 성전이 파괴될 것을 내게 보여주신 것입니다. 여러분, 우리가 눈에 넣어도 아프지 않은 그 성전이 이제 파괴된다는 것입니다. 이 큰 슬픔에 비하면 내 아내의 죽음은 오히려 가벼운 슬픔 아닙니까?' 결국 아내를 잃고 슬퍼하는 에스겔의 슬픔은 예루살렘 성소 파괴가 초래할 슬픔을 미리 맛보는 것입니다. 이런 점에서 에스겔은 이스라엘 백성들에게 표징이 된 것입니다. 아내의 죽음이 가져오는 슬픔은 성전 파괴가 가져올 슬픔의 예고편인 셈이었습니다.

이런 슬픔 속에 다시 13년이 흘렀습니다. 에스겔 47장은 성전이 파괴된 지 13년이 지난 어느 시점에 임한 하나님의 이상이었습니다. 에스겔 47장은 성전 회복과 회복된 성전이 발휘할 영적 지도력을 너무나 아름답게 그리고 있습니다.

회복된 성전 문지방에서 흘러나오는 생명의 강

오늘 본문 에스겔 47장은 사로잡힌 지 25년 되는 해에 받은 예언 단락인 40-48장의 일부입니다.

> 우리가 사로잡힌 지 이십오 년이요 성이 함락된 후 십사 년 정월 십일 곧 그날에 여호와의 권능이 내게 임하여 나를 데리고 이스라엘 땅으로 가시되(겔 40:1).

에스겔은 25년이란 긴 시간 동안 영적 예언 일기를 써 오고 있었습니다. 여러분! 일기를 쓰고 계십니까? 자기 인생을 소중하게 생각하는 사람은 일기를 씁니다. 제가 최근에 읽은 영적 일기 가운데 가장 감동적이었던 책은 엘리자베스 엘리엇이 쓴『전능자의 그늘』입니다. 이 책은 에콰도르의 살인 부족인 아우카 족에게 전도하러 갔다가 이십 대의 나이에 그들의 창에 찔려 죽임당한(1956년) 짐 엘리엇과 네 명의 동료 형제들의 영적 일기입니다. 이 책은 그가 일리노이 주 휘튼 대학교 학생 시절부터 품은 선교 비전이 어떻게 자라가며 마침내 순교에 이르게 되었는지를 감동깊게 보여줍니다. 십대 후반부터 하나님을 위해 살기로 열망한 청년들의 슬프고도 아름다운 이야기가 이 책에 기록되어 있습니다. 순교한 그들의 아내 다섯 명은 나중에 그 아우카 부족의 마을로 들어갑니다. 오랜 노력 끝에 그 다섯 명의 부인 선교사들이 그 부족을 변화시켰습니다. 목사도 배출하고 수많은 개종자를 만들어 냈습니다. 휘튼 대학 시절 짐 엘리엇이 쓴 일기를 보면, 다음과 같은 기도문이 등장합니다. "하나님! 제게 거룩한 부담을 주셔서 감사합니다." "하나님, 마른 막대기 같은 제 삶에 불을 붙이사 주님을 위해 온전히 소멸하게 하소서. 나의 하나님, 제 삶은 주의 것이오니 다 태워 주소서. 저는 오래 사는 것을 원치 않습니다. 다만 주 예수님처럼 꽉 찬 삶을 원합니다."

『데이비드 브레이너드 생애와 일기』 또한 감동적입니다. 데이비드 브레이너드는 예일 대학교 2학년인 스물한 살에 거듭나서 스물아홉에 죽었습니다. 그는 뉴저지 주 크랜베리 부근에서 운하를 타고 다니는 인디언들을 전도했습니다. 인디언 말로 전도하고 설교했습니다. 많은 인디언들이 인디언의 언어로 전하는 그의 설교에 감화를 받고 하나님께로 돌아왔습니다. 그의 일기는 다음과 같은 짧은 기도문으로 가득 차 있습니다. "하나님! 오늘도 인디언 마을에 갔습니다. 그런데 하루 종일 기도했습니다. 기도를 마쳤더니 또 감미로운 열정이 나를 사로잡아 또 기도했습니다. 주님! 기도가 너무 좋습니다!" 이처럼 영적 일기는 한 사람의 인생 속에 하나님이 얼마나 섬세하게 간섭하고 인도하시는지를 잘 보여줍니다.

에스겔 47장은 에스겔의 영적 일기의 마지막 부분입니다. 47장은 성전의 부패와 타락, 성전으로부터 떠나는 하나님의 영광, 그리고 성소가 파괴되는 환상을 배경으로 삼고 있습니다. 에스겔의 성전 비전의 완성판입니다. 성전의 마지막 운명은 폐기되고 파괴되는 것인가, 아니면 다시 하나님의 영광으로 가득 차게 되는가? 본문은 이런 질문에 대한 답을 줍니다. 하나님은 제사장인 에스겔에게 걸맞은 완벽한 성전 회복의 청사진을 보여주심으로 그의 포로살이를 위로하십니다.

앞에서 살펴본 것처럼, 에스겔 11:24에서 하나님의 영광이 성전 문지방을 떠납니다. 두둥실 떠올라 하늘로 떠나 버립니다. 이제 예루살렘 성전에는 하나님의 영광이 거하지 않습니다. 하나님의 통치 보좌가 철수한 것입니다. 그런데 지금, 그 마지막 성전 환상 이후 13년 만에 전혀 새로운 성전 비전이 주어집니다. 그것은 성전 회복의 비전입니다. 에스겔 40장부터 천천히 읽어 보면, 그것이 얼마나 질서정연하고 세밀하게 회복되고 완성될 성전인지를 확인하게 됩니다. 하나님의 백성들이 하나님을 섬기는 데 전혀 부족함이 없는 성전입니다. 이 회복된 성전은 건축학적으로도 아름답고 정교합니다. 회복된 성전은 완벽한 대칭과 마주이음과 마주침으로 지어져 있습니다. 연결과 이어짐이 회복된 성전의 특징입니다. 우리는 에스겔 47장의 성전 회복 비전을 공부하기 위해 너무나 긴 서론을 달려왔습니다. 이제 회복된 성전을 자세히 살펴보겠습니다.

47장은 우선 회복된 성전의 입지 조건을 말해 줍니다. "그가 나를 데리고 전 문에 이르시니 전의 전면이 동을 향하였는데"(1절). 성전의 전면은 동쪽을 향하고 있습니다. 성전 문지방에서 나오는 물이 어느 방향으로 흘러가는지 주목해 보십시오.

그가 나를 데리고 전 문에 이르시니 전의 전면이 동을 향하였는데 그 문지방 밑에서 물이 나와서 동으로 흐르다가 전 우편 제단 남편으로 흘러내리더라. 그가 또 나를 데리고 북문으로 나가서 바깥 길로 말미암아 꺾여 동향한 바깥 문에 이르시기로 본즉 물이 그 우편에서 스미어 나오더라(겔 47:1-2).

여러분, 궁금하지 않습니까? 동쪽에 뭐가 있기에 동쪽이 문제가 되는 것입니까? 8절이 답을 줍니다.

그가 내게 이르시되 이 물이 동방으로 향하여 흘러 아라바로 내려가서 바다에 이르니 이 흘러 내리는 물로 그 바다의 물이 소성함을 얻을지라(겔 47:8).

8절에 가서야 왜 동쪽이 문제가 되고, 왜 동쪽에 초점이 잡혔는지 분명해집니다. 동쪽에 무엇이 있습니까? 성전에서 스며 나오는 생명의 보좌, 그 생명수는 왜 동쪽으로 흘러야 됩니까? 그 이유는 분명합니다. 이 세상에서 가장 낮은 지대에 위치한 죽음의 바다(사해)가 동쪽에 있기 때문입니다. 동쪽에 죽음의 바다가 있기 때문에, 하나님의 생명수 강물이 동쪽으로 흐른다는 것입니다. 하나님의 말씀이 생명수라면 이 생명수는 어디로 흘러야 합니까? 아라바 광야를 거쳐 죽음의 바다로 흘러들어가야 하지 않겠습니까? 성전은 생명수 강물을 흘려보내는 곳이기 때문입니다. 죽음의 바다를 생명의 바다로 바꾸는 것이 하나님 성전의 존재 목적이기 때문입니다. 하나님의 통치 보좌가 있는 성전에서 생명수가 흘러나와 죽음의 땅, 불모의 땅을 생명의 옥토로 변화시키는 것이 마땅하지 않겠습니까? 이것이 또한 하나님 나라 운동의 전위부대인 교회의 존재 목적이 아니겠습니까?

죽음의 바다를 향해 흘러 들어가는 생명의 강

교회는 하나님 보좌에서 흘러나오는 생수를 받아 죽음이 지배하는 세상으로 흘려보내는 중간 급유소입니다. 교회가 마주치는 현실은 광야의 불모지요 죽음의 사막화가 지배하는 현실입니다. 우리가 직면한 현실은 우리에게 생명력 넘치는 응전을 불러일으키는 도전이지 않습니까? 죽음의 세력이 지배하는 세상, 곧 사막화가 진행되는 세상을 향해, 그것에 맞서 사막화를 극복하는 생명의 관개용수 활동이 교회의 숭고한 사명입니다.

그렇다면 사막화를 멈추고 불모와 죽음의 땅을 생명의 땅으로 만드는 생명의 강물은 어디에서 흘러나옵니까? 1절에 의하면 "성전의 문지방"이라고 합니다. 성전 문지방은 하나님의 보좌를 의미합니다. 하나님의 다스림이 있는 곳에서 생명의 강줄기가 흘러나온다는 말입니다. 지상의 교회가 하나님 보좌를 받치는 문지방 역할을 많이 하면 할수록 더 많은 생명수를 흘려보낼 수 있습니다. 만일 교회가 목회자나 장로, 신부나 사제들이 지배하는 격리된 분파가 된다면, 하나님의 생명수는 흘러나올 수 없습니다. 하나님의 참된 교회는 이 세상에 생명수 강물을 흘려보낼 수밖에 없습니다. 그럼에도 교회가 하나님의 보좌 대신 목회자의 왕국으로 바뀌어 가는 것은 심히 우려되는 현상입니다. 중세 교황급의 권위주의적인 목회자들이 많이 있습니다. 사람들의 혼란을 가중시키는 그 같은 교황급 목회자, 심지어 세습을 시도하는 목회자들이 단기간에는 온유하고 민주적인 목회자들보다 큰 성과를 내는 것처럼 보입니다. 특히 교회의 양적 성장을 이루는 데는 독재적이고 권위적인 목회자가 더 효과적인 것처럼 보일 수 있습니다. 교인들을 조금은 바보처럼 만들어서 따라오게 해야 단기간에 성과를 낼 수 있을지도 모릅니다. 그러나 길게 보면, 하나님의 다스림을 대체하거나 대적하는 목회자의 다스림은 죽음의 열매를 맺게 됩니다. 재정 비리, 성 스캔들, 세습 등 온갖 비리들이 그 같은 교회에 생겨납니다. 생명의 열매 대신에 독재와 권력 집중, 재정 비리와 음란의 열매가 맺혀서 교회의 터가 황무지로 변해 버립니다.

이런 점에서, 성전 문지방에서 하나님의 생명수가 흘러나온다는 것은 놀라운 하나님 나라 신학을 천명하고 있습니다. 나사렛 예수의 몸과 인격을 통해 생명수가 흘러나오듯이, 하나님의 뜻과 다스림에 순종으로 응답하는 곳, 곧 성전 문지방에서 생명수가 흘러나옵니다. 다시 말하면, 하나님의 다스림을 받는 교회는 생명수를 흘려보내는 교회가 된다는 진리를 말하는 것입니다. 하나님의 전에서 스며 나오는 생명수는 더디 흘러갈지라도 동쪽의 아라바 광야와 죽음의 땅을 찾아갈 수밖에 없습니다. 이처럼 참된 교회는 하나님의 다스림에 복종하는 문지방이 되어야 합니다. 죽음의 세력에 짓눌리는 사람들의 현실을 변혁하고, 그 현실을 비옥하게 적시는 교회가 되어야 합니다.

교회가 지향하는 목적지는 이 세상에서 가장 낮은 바다, 해면 표고가 제일 낮아서 물이 빠져나가지 못하는 바다입니다. 그러므로 에스겔이 "동쪽"이라고 할 때, 우리는 아라바 광야와 사해를 생각해야 합니다. 사해는 왜 죽은 바다(死海)가 되었습니까? 너무나 깊은 곳에 생긴 바다이다 보니 다른 곳으로 물이 흘러나갈 수 없고, 다른 곳으로 흘러가지 못하다 보니 뜨거운 태양 아래 물이 계속 증발해 염도가 너무

높아졌기 때문입니다. 그래서 죽은 바다, 사해가 된 것입니다.

하나님은 생명의 강물이 최종적으로 흘러 들어갈 목적지를 보여 주신 후에 에스겔에게 그 생명수를 직접 체험케 하십니다.

> 그 사람이 손에 줄을 잡고 동으로 나아가며 일천 척을 척량한 후에 나로 그 물을 건너게 하시니 물이 발목에 오르더니 다시 일천 척을 척량하고 나로 물을 건너게 하시니 물이 무릎에 오르고 다시 일천 척을 척량하고 나로 물을 건너게 하시니 물이 허리에 오르고(겔 47:3-4).

여기서 우리는 한 가지 중요한 진실을 발견합니다. 하나님 성전의 중앙에서 흘러나오는 물이 갑자기 콸콸콸 흐르는 것이 아니라 점진적으로 많아진다는 사실입니다. 이것이 우리를 기대에 차게 만듭니다. 생명수 강물의 깊이가 처음 잴 때는 발목에 닿았습니다. 다시 일천 척을 측량한 뒤에 건너려고 하니, 처음에 발목에 오르던 물이 무릎까지 차올랐습니다. 다시 일천 척을 측량하고 또 물을 건너게 하시니, 이번에는 허리까지 차올랐습니다. 점점 수심이 깊어 가는 것이 보입니까? 발목, 무릎, 허리 깊이. 이 가운데 어떤 상태에서 우리가 가장 자유롭게 움직일 수 있습니까? 발목에 차면 그래도 1백 미터를 60초 정도에는 달릴 수 있을 것입니다. 하지만 무릎까지 차면 1백 미터를 달릴 때 초침으로는 잴 수 없을 만큼 시간이 걸리지 않겠습니까? 허리에 차면 달린다고 할 수 없을 만큼 천천히 걷게 됩니다. 만일 가슴까지 차오르면 더 이상 걷기가 힘들어집니다.

다시 일천 척을 척량하시니 물이 내가 건너지 못할 강이 된지라. 그 물이 창일하여 헤엄할 물이요 사람이 능히 건너지 못할 강이더라(겔 47:5).

사람이 건너지 못할 강은 인간적 주도권을 내려놓아야 할 만큼 깊은 강입니다. 만일 생명의 강을 성령에 대한 은유라고 이해한다면 (요 4장, 7장), 아마도 이것은 성령충만을 가리키는 장면일 것입니다. 요한복음 4장과 7장에서 성령을 생명(생수)의 강이라고 말하고 있으니 이렇게 풀 수 있는 신학적 근거가 있습니다. 성전 문지방에서 이토록 충일하게 흘러나온 강물은, 흘러가는 곳마다 죽음의 바다를 소생시키고 엄청난 물고기가 뛰노는 태초의 생명 바다처럼 만들어 줍니다. 또한 강물이 흘러가는 좌우편에는 무척 비옥한 땅이 만들어져, 그 강가에 심기는 나무들은 12모작이 가능한 유실수 숲을 이룹니다.

그가 내게 이르시되 인자야, 네가 이것을 보았느냐 하시고 나를 인도하여 강가로 돌아가게 하시기로 내가 돌아간즉 강 좌우편에 나무가 심히 많더라. 그가 내게 이르시되 이 물이 동방으로 향하여 흘러 아라바로 내려가서 바다에 이르리니 이 흘러 내리는 물로 그 바다의 물이 소성함을 얻을지라. 이 강물이 이르는 곳마다 번성하는 모든 생물이 살고 또 고기가 심히 많으리니 이 물이 흘러 들어가므로 바닷물이 소성함을 얻겠고 이 강이 이르는 각처에 모든 것이 살 것이며 또 이 강가에 어부가 설 것이니 엔게디에서부터 에네글라임까지 그물 치는 곳이 될 것이라. 그 고기가 각기 종류를 따라 큰 바다의 고기같이 심히 많으려니와 그 진펄과 개펄은 소성되지 못하고 소금 땅이 될 것이며 강 좌우 가에는 각종 먹을 실과나무가 자라서 그 잎이 시들지 아니하며 실과가 끊치지 아니하고 달마다 새 실과를 맺으리니 그 물이 성소로 말미암아 나옴이라. 그 실과는 먹을 만하고 그 잎사귀는 약 재료가 되리라(겔 47:6-12).

여기에 나오는 강 좌우편에 심겨진 나무(12절)는 시편 1편의 "시냇가에 심은 나무"를 생각나게 합니다. 이 구절은 곧장 시편 1편과 응합니다. 시편 1편과 에스겔 47장은 서로 보완하는 관계입니다. 여러분! 여기서 잠시 시편 1편을 기억해 보시기 바랍니다. 시편 1편은 하나님의 말씀을 주야로 묵상하고 즐거워하며 준행하는 사람을 "시냇가(물가)에 심은 나무"(시 1:3)로 비유하고 있습니다. 여기서 "여호와의 율법을 주야로 즐거워하고" "여호와의 율법을 주야로 묵상한다"는 말은 시적 대구를 이룹니다. 이것은 하나님 말씀이 즐겁게 들어오는 때도 있지만, 밤낮으로 하루 종일 묵상해야 할 때도 있다는 말입니다. 즐겁게 말씀 읽는 사람도 복되지만, 하나님 말씀이 왜 현실과 맞아떨어지지 않는지 주야로 고민하며 끙끙대고 말씀을 읽는 사람도 복되다는 말입니다. 묵상(默想)이란 단어에서 '묵'자는 조용하다는 뜻입니다. 그런데 여기서 말하는 묵상은 결코 조용한 '명상' 행위를 가리키는 말이 아닙니다. 이 단어의 히브리어는 '하가'(hagah)인데, '속으로 끙끙 신음하면서 읽다', '기억하려 애쓰다'를 뜻합니다. 묵상은 내면의 영적 고투를 의미합니다. 하나님 말씀 중심으로 살 것인지 아니면 현실 중심으로 살 것인지, 하나님 말씀으로 현실을 해석할 것인지 아니면 현실을 중심으로 하나님 말씀을 해석할 것인지를 두고 갈등하는 사람들이, 마침내 하나님 말씀을 믿고 신뢰하는 결단에 이를 때 우리는 '묵상한다'고 말합니다. 하나님의 말씀, 야웨의 토라를 그렇게 주야로 묵상하는 사람이 복되다는 것입니다. 바로 그런 사람이 "물가에 심긴 나무"입니다. 결국 성전 문지방에서 흘러나온 강의 좌우편에 심겨진 나무는 하나님의 말씀, 즉 토라 안에 뿌리 내린 사람인 것이 드러납니다. 에스겔 47:12에 의하면, 이 유실수들은 생명의 상록수처럼 세상의 병든 것과 아픈 것을 치료하는 약재가 됩니다. 또한 9, 10절에 나오는 수많은 물고기는 소생함을 입은 사람들이라 볼 수 있을 것입니다. 그러므로 "물고기가 종류별로 심히 많더라"는, 생명수로 소생한 "사람들이 심히 많더라"로 바꿔 읽을 수 있는 것입니다.

강 좌우편을 그토록 풍성하게 열매 맺는 상록수 숲으로 만든 강물은, 마침내 아라바 광야를 윤택하게 하고 죽음의 바다로 흘러 들어갑니다(8절). 죽음의 바다는 소생됩니다. 물고기가 다시 되돌아옵니다(9절). 엔게디와 에네글라임, 곧 아라바 광야의 가장 열악한 황무지가 어부들이 그물을 치는 강 언덕이 됩니다(10절). 생명의 강은, 염도가 높아서 고기가 살 수 없는 죽음의 바다의 염도를 떨어뜨립니다. 우리 하나님께서 천지 만물을 창조하실 때 만드신 엄청난 물고기가 다시 그 바닷물에 유영합니다. 물을 창조하신 우리 하나님의 머릿속에는 물고기 없는 물은 상상이 안됩니다. 새가 날지 않는 창공을 상상할수 없듯이, 물고기가 자유롭게 숨쉬고 다니지 않는 물을 상상할 수 없습니다. 그러므로 사해에 어부가 그물을 치는 것은 종말론적 환상입니다. 죽음의 바다에 그물을 치는 어부가 등장하는 세상, 이런 세상을 언제 꿈꾸었습니까? 25년 동안 포로생활하면서 꿈에 그리던 성전을 생각하다가, 에스겔은 이 회복된 성전의 환상을 보았을 것입니다. 먼 미래에 이처럼 멋있는 성전이 세워질 것을 확신하며 에스겔 47장을 비망록으로 남겼을 것입니다. 그 성전이 죽음의 바다를 소생시키는 성전이 될 것임을 믿어 의심치 않았을 것입니다. 만민과 만국을 살리는 약재를 생산하는 유실수가 자라는 생명의 강! 그 환상은 아마도 에스겔에게 주신 하나님의 위로였을 것입니다. 이런 위로를 안고 에스겔은 포로의 땅에서 숨을 거두었을 것입니다.

여러분! 어떤 의미에서 우리나라가 아라바 광야와 죽음의 바다 같지 않습니까? 지금 많은 모순이 보입니까? 양극화, 분단 의식, 집단 이기주의, 그리고 비인간화를 촉진시키는 교육 경쟁……. 이 모든 영역에 하나님의 생명수가 유입되어야 합니다. 복음의 가치관과 복음적인 대안이 스며들어야 합니다. 새로운 생명의 강이 스며드는 길만이 이 땅과 이 겨레의 죽음의 바다를 소성케 할 수 있습니다.

우리가 좋은 생명의 물줄기가 되어 이 세상을 맑게 해야 합니다. 특별히 한국의 젊은 기독인들은 이 점에서 사명감을 가져야 합니다. 지난 시대의 불순종으로 불모가 되고 황무지가 되어 버린 영역들을 모두 찾아내서 생명의 강물이 흘러 들어가 그 땅을 윤택하게 만들어야 합니다. 우리의 아름다운 한강은 어디서 발원합니까? 한강은 강원도 태백과 정선에서 시작됩니다. 정선 태백에서 시작된 강이 큰 강이 되기 위해 얼마나 많은 지류들이 한강을 이루는 데 참여하는지 주목해 보십시오. 크고 작은 수많은 산에서 흘러내리는 물이 한강으로 방류되어 큰 강을 이룹니다. 얼마나 많은 지류들이, 심지어 지도에도 나오지 않는 지류들이 이름 없이 빛도 없이 큰 강을 이루기 위해 자신의 생명수를 공급하고 있습니까!

여러분, 아름답고 생명력 넘치는 교회가 장강대하를 이루어 우리 민족의 삶의 터를 가로지르려면, 크고 작은 산을 타고 흘러내리는 많은 지류들이 필요합니다. 한강이 그토록 많은 지류들의 참여로 큰 강이 되듯이, 하나하나의 교회가, 한사람 한사람의 그리스도인이 하나님의 생명수를 흘려보내는 순종의 결단을 해야 합니다. 1급수에만 서식하는 버들치 같은 물고기가 살 수 있을 만큼 깨끗한 생명의 강을 이루기 위해서는, 우리가 하나님의 다스림 앞에 자발적으로 쉼없이 복종해야 합니다.

우리가 지금 마시고 있는 물은 대개가 2급수를 증류한 물입니다. 우리가 깨끗한 1급수를 마시게 되면 얼마나 좋겠습니까? 팔당에서 오는 물이 아직은 2급수입니다. 수원지 일대가 더럽기 때문입니다. 수원지가 더러워지면 세상은 죽음의 바다로 바뀝니다. 아라바 광야의 사해로 바뀝니다.

이런 상황에서, 우리 젊은 그리스도인들이 하나님께 순종하여 생명의 강물이 흘러나가는 성전 문지방의 수원지를 이룰 수 있기를 간절히 바랍니다. 성령께서 우리를 구원하시고 우리의 순종을 가능케 하시지만, 여러분, 젊은 그리스도인이 1급수를 공급하는 수원지가 되고자 분투하기를 바랍니다. 사람이 바로 이 세상을 맑게 만드는 물입니다. 기막힌 하나님의 말씀이 충만한 사람이, 바로 죽음의 바다를 살리는 강줄기가 된다는 사실을 믿으시기 바랍니다.

사랑하는 형제자매 여러분! 여러분과 여러분의 교회가 시절을 좇아 과실을 맺는 상록수 공동체로 성장하기를 간절히 바랍니다.

5

복음과 세례 요한·바울의 영적 각성

누가복음 3:1-14, 사도행전 19:1-20

누가복음 3:1-14

디베료 황제가 통치한 지 열다섯 해 곧 본디오 빌라도가 유대의 총독으로, 헤롯이 갈릴리의 분봉 왕으로, 그 동생 빌립이 이두래와 드라고닛 지방의 분봉 왕으로, 루사니아가 아빌레네의 분봉 왕으로, 안나스와 가야바가 대제사장으로 있을 때에 하나님의 말씀이 빈 들에서 사가랴의 아들 요한에게 임한지라. 요한이 요단 강 부근 각처에 와서 죄 사함을 받게 하는 회개의 세례를 전파하니 선지자 이사야의 책에 쓴 바 광야에서 외치는 자의 소리가 있어 이르되 너희는 주의 길을 준비하라. 그의 오실 길을 곧게 하라. 모든 골짜기가 메워지고 모든 산과 작은 산이 낮아지고 굽은 것이 곧아지고 험한 길이 평탄하여질 것이요 모든 육체가 하나님의 구원하심을 보리라 함과 같으니라. 요한이 세례 받으러 나아오는 무리에게 이르되 독사의 자식들아. 누가 너희에게 일러 장차 올 진노를 피하라 하더냐. 그러므로 회개에 합당한 열매를 맺고 속으로 아브라함이 우리 조상이라 말하지 말라. 내가 너희에게 이르노니 하나님이 능히 이 돌들로도 아브라함의 자손이 되게 하시리라. 이미 도끼가 나무 뿌리에 놓였으니 좋은 열매 맺지 아니하는 나무마다 찍혀 불에 던져지리라. 무리가 물어 이르되 그러면 우리가 무엇을 하리이까. 대답하여 이르되 옷 두 벌 있는 자는 옷 없는 자에게 나눠 줄 것이요 먹을 것이 있는 자도 그렇게 할 것이니라 하고 세리들도 세례를 받고자 하여 와서 이르되 선생이여 우리는 무엇을 하리이까 하매 이르되 부과된 것 외에는 거두지 말라 하고 군인들도 물어 이르되 우리는 무엇을 하리이까 하매 이르되 사람에게서 강탈하지 말며 거짓으로 고발하지 말고 받는 급료를 족한 줄로 알라 하니라.

사도행전 19:1-20

아볼로가 고린도에 있을 때에 바울이 윗지방으로 다녀 에베소에 와서 어떤 제자들을 만나 이르되 너희가 믿을 때에 성령을 받았느냐. 이르되 아니라 우리는 성령이 계심도 듣지 못하였노라. 바울이 이르되 그러면 너희가 무슨 세례를 받았느냐. 대답하되 요한의 세례니라. 바울이 이르되 요한이 회개의 세례를 베풀며 백성에게 말하되 내 뒤에 오시는 이를 믿으라 하였으니 이는 곧 예수라 하거늘 그들이 듣고 주 예수의 이름으로 세례를 받으니 바울이 그들에게 안수하매 성령이 그들에게 임하시므로 방언도 하고 예언도 하니 모두 열두 사람쯤 되니라. 바울이 회당에 들어가 석 달 동안 담대히 하나님 나라에 관하여 강론하며 권면하되 어떤 사람들은 마음이 굳어 순종하지 않고 무리 앞에서 이 도를 비방하거늘 바울이 그들을 떠나 제자들을 따로 세우고 두란노 서원에서 날마다 강론하니라. 두 해 동안 이같이 하니 아시아에 사는 자는 유대인이나 헬라인이나 다 주의 말씀을 듣더라. 하나님이 바울의 손으로 놀라운 능력을 행하게 하시니 심지어 사람들이 바울의 몸에서 손수건이나 앞치마를 가져다가 병든 사람에게 얹으면 그 병이 떠나고 악귀도 나가더라. 이에 돌아다니며 마술하는 어떤 유대인들이 시험삼아 악귀 들린 자들에게 주 예수의 이름을 불러 말하되 내가 바울이 전파하는 예수를 의지하여 너희에게 명하노라 하더라. 유대의 한 제사장 스게와의 일곱 아들도 이 일을 행하더니 악귀가 대답하여 이르되 내가 예수도 알고 바울도 알거니와 너희는 누구냐 하며 악귀 들린 사람이 그들에게 뛰어올라 눌러 이기니 그들이 상하여 벗은 몸으로 그 집에서 도망하는지라. 에베소에 사는 유대인과 헬라인들이 다 이 일을 알고 두려워하며 주 예수의 이름을 높이고 믿은 사람들이 많이 와서 자복하여 행한 일을 알리며 또 마술을 행하던 많은 사람이 그 책을 모아 가지고 와서 모든 사람 앞에서 불사르니 그 책 값을 계산한즉 은 오만이나 되더라. 이와 같이 주의 말씀이 힘이 있어 흥왕하여 세력을 얻으니라.

영적 각성은 개인의 도덕적·지적 세계관의 대변혁을 통해 사회 공동
체적 삶을 창조적으로 재구성하는 영적 권능의 시위를 말합니다. 복음
은 구원을 주시는 하나님의 강력입니다. 로마서 1:16-17은 원문을 직
역하면 다음과 같습니다. "부끄러워하지 않습니다. (나는) 그 기쁜 소
식을. 왜냐하면 (그것은) 믿는 모든 사람들에게 (유대인이나 헬라인이나
공히) 하나님의 능력(뒤나미스, dynamis)이기 때문입니다."

여기서 "기쁜 소식"이란 '산헤드린 법정과 로마 총독에 의해 사
형을 언도받고 십자가에서 굴욕적으로 처형당한 그 나사렛 예수가, 부
활해 하나님의 우편 보좌에 앉으셔서 주와 그리스도가 되셨다'는 소
식입니다(행 2:31-36). 산헤드린과 세계 최강대국 로마의 법정이 내린
판결을 뒤집는 판결이 일어났다는 것입니다. 판결권은 정부와 국가의
고유 권한입니다. 예수의 부활은 로마제국의 판결을 뒤집은 판결입니
다. 로마제국이 나사렛 예수에게 가한 사형 판결과 집행은 원천 무효
가 되었다는 것입니다. 예수의 부활은 하나님의 최고 재판권의 실체를
확증한 사건이자 하나님의 다스림이 궁극적인 권위임을 깨닫게 하는

사건입니다. 예수의 십자가 죽음 이후의 부활은, 부조리한 재판과 그것이 강요하는 모든 불의한 재판들을 영구적으로 역전시켜 바로잡음으로써 하나님의 살아 계심을 증명한 사건입니다.

십자가에서 처형된 나사렛 예수가 부활하여 주와 그리스도가 되었다는 이 간명한 선언은 단순히 말의 성찬이 아니었습니다. 예수 그리스도의 왕권과 주권 아래 복속된 바울 자신의 삶이야말로 바로 예수께서 주가 되셨다는 선언을 다채롭게 증명하고 있습니다.

바울의 삶은 그 자체로 부활하신 그리스도의 다스림 아래 있는 인생의 근본적인 대전향과 변혁을 증거하는 삶이었습니다. 따라서 '십자가에 달려 죽은 예수가 부활하여 주와 그리스도가 되셨다'는 바울의 주장은, 성령의 권능에 사로잡혀 살아가는 자신의 삶을 증거로 제시하면서 이뤄지는 주장이었습니다. 또한 그의 주장은, 바울 자신의 코페르니쿠스적인 대전환이 없이는 성립될 수 없는 주장이었습니다. 바울이 이 기쁜 소식을 선포하자 이방인들이 성령의 선물을 받아들여 믿고 구원을 받았습니다. 자신의 인격과 삶 속에 이미 구현되고 육화된 이 기쁜 소식을 듣고 구원받은 이방인들의 구원 경험을 수없이 목격한 바울은, 복음을 믿음으로 구원을 받는다는 교리를 확증하게 됩니다.

바울에게 있어서 구원이란 "하나님의 다스림 아래 살아가는 힘"입니다. 즉 자신의 자연스럽고 자유로운 행동이나 결단이 하나님의 다스림을 실현하는 도구가 되는 경지입니다. 구원은 정신의 가장 심층부에서 일어나는 지극히 실존적이고 내면적인 사건입니다. 동시에 나의 인격을 뚫고 나의 주변을 진동시키는 객관적이고 공변(公辨)된 사건이기도 합니다. "믿음으로 말미암아 구원을 얻는다"는 종교개혁자들의 교리에서 구원에 대한 주관적이고 심리적 차원을 과도하게 강조할 경우, 기독교는 구원론 중심의 종교가 되어 버립니다. 그러나 성경의 중심 메시지는 하나님 나라이며, 인간의 구원은 다른 피조물과 생태계에 대한 하나님의 구원 계획의 일부입니다. 이처럼 인간 구원은 우주적인 차원의 의미를 가지며, 종말에 완성될 하나님 나라라는 객관적 실재에 대한 향유와 참여를 의미합니다.

복음은 모든 믿는 자에게 구원을 주시는 하나님의 능력 '뒤나미스'입니다. 믿음으로 받아들여진 복음, 곧 예수 그리스도가 주시요 왕이시라는 이 선언은 다이너마이트(dynamite) 같은 폭발력이 있습니다. '뒤나미스'는 인격과 제도, 법과 관습을 송두리째 변혁시키는 객관적인 능력입니다. 그것이 우리가 복음과 영적 각성이라는 주제를 생각할 때마다, 이 복음의 원시적인 능력에 대한 경험을 말하지 않을 수 없는 이유입니다.

복음은, 그것을 외치는 자와 듣는 자의 마음과 인격과 그를 둘러싸고 있는 사회의 구성 및 작동 원리를 재주형(再鑄型)하는 능력입니다. 구원의 능력은 인격 재주형, 가정 및 공동체 생활의 재주형을 의미합니다. 복음은 하나님과 인격적·공동체적 결속감을 가져다줍니다. 주 예수 그리스도의 다스림 아래로 안전하게 들어가게 하는 힘입니다. 이제 우리는 세례자 요한과 그의 시대가 경험한 영적 각성, 사도 바울과 그의 에베소 선교팀이 경험한 영적 각성을 살펴보고자 합니다. 우리는 이 두 인물이 경험한 영적 각성을 통해 다음과 같은 비교적 간단한 영적 각성의 원리를 발견하게 될 것입니다.

· 하나님의 살아 있는 말씀(복음)에 대한 순종만이 하나님 나라의 실재
  에 대한 확신을 가져다준다. 하나님 나라의 재발견이 영적 각성의 지
  름길이다.
· 성령의 역사에 대한 세밀한 순종이 영적 각성의 지름길이다.
· 말씀에 대한 일상적 순종이 누적되면 영적 대폭발이 일어난다.

세례 요한의 영적 각성

인류의 구주요 왕중의 왕이 되실 예수 그리스도가 이 세상에 나셨을
때, 온 세계는 악과 고난 가운데 허덕이고 있었습니다. 당시 예수님의
조국 이스라엘은 로마제국의 속국이었습니다. 로마제국은 속국을 다
스릴 총독을 파견했고, 동시에 팔레스틴 토착 세력가에게 권력을 위
임해 이스라엘을 다스렸습니다. 그 결과로, 당시 헤롯 왕과 그의 세
아들이 로마제국의 권력에 빌붙어 매우 폭력적인 방식으로 이스라엘
을 통치하고 있었습니다. 헤롯은 에돔 출신이었으므로 다윗의 후손
이 이스라엘의 구세주로 온다는 구약성경의 메시아 예언을 가장 두
려워했습니다. 그에게 메시아 예언은 시한폭탄과 같은 것이었습니다
(마 2:1-4). 하지만 백성들의 시리고 멍든 가슴 가장 깊은 곳에는 다
윗의 후손인 이상왕(메시아)이 오실 것을 염원하는 꺾이지 않는 믿음
이 자라고 있었습니다. 그러나 당시의 지도자들은 이런 메시아의 도
래에 대한 기다림보다는, 부조리하고 불의한 체제를 유지하는 데 주
력했습니다.

로마 황제와 총독과 헤롯 가문의 왕들의 억압과 지배 아래서, 더욱 교묘한 방법으로 백성들을 괴롭히고 두렵게 하던 이들이 바로 대제사장과 서기관과 바리새인과 장로들이었습니다. 그들은 겉으로는 경건했지만, 속으로는 완전히 부패해 버린 악한이요 자신들만 생각하는 지도자들이었습니다. 다윗의 후손을 기다리는 사람들에게 현실은 완전히 악당들의 독무대요 활무대였습니다. 이스라엘은 제국을 정점으로, 헤롯 왕가 및 성전의 권력자들인 대제사장들의 토착 지배를 지층으로 하여 견고한 철옹성 구조를 구축하고 있었습니다. 누가복음 2:1-3에는 온 천하 사람들을 일시에 복종하게 만드는 로마 황제 아우구스투스의 명령이 위엄과 빛을 드러냅니다. 누가복음 3:1-2은 좀더 구체적으로 세례 요한이 하나님 나라의 대항 권력체로 생각했던 정사와 권세의 위계 질서(고전 15:24, 엡 1:21; 6:12, 골 2:15, 벧전 3:22)를 위압감 풍기는 언어로 소개합니다.

> [로마 황제] 디베료 가이사가 위에 있은 지 열 다섯 해 곧 본디오 빌라도가 유대의 총독으로 헤롯이 갈릴리의 분봉왕으로 그 동생 빌립이 이두래와 드라고닛 지방의 분봉왕으로 루사니아가 아빌레네의 분봉왕으로 안나스와 가야바가 대제사장으로 있을 때에 하나님의 말씀이 빈들에서 사가랴의 아들 요한에게 임한지라(눅 3:1-2).

세계는 로마제국과 헤롯당, 안나스와 가야바에 의해 지배되고 있었습니다. 그런데 그들이 세계를 지배하고 있는 것처럼 보일 때, 하나님의 말씀은 빈들에 있는 제사장 사가랴의 아들 요한에게 임합니다.

요한은 제사장의 아들로서 30세가 되면 성전 직무에 나아갈 제사장 후보자였습니다. 그에게는 안정되고 지체 높은 직장이 보장되어 있었습니다. 그러나 그는 이스라엘에 공적으로 데뷔하기에 앞서 빈들에 있었습니다. "빈들에 있었다"는 말은 해석이 필요한 구절입니다. 이사야의 예언이 빈들의 의미를 밝혀 줍니다.

> 외치는 자의 소리여, 가로되 너희는 광야에서 여호와의 길을 예비하라. 사막에서 우리 하나님의 대로를 평탄케 하라(사 40:3).

빈들은 왕이신 하나님의 도래를 준비하는 사신이 머무는 곳입니다. 세례 요한은 빈들, 곧 사막과 광야에서 왕이신 하나님의 출현을 기다리며 길을 닦고 있는 중입니다.

> 보라, 내가 내 사자를 네 앞에 보내노니 저가 네 길을 예비하리라(막 1:2).

이 말씀은 말라기 3:1의 예언을 이사야 40:3 앞에 배치한 것입니다. 말라기 4:5-6에 의하면, 메시아의 강림에 앞서 파송된 사자가 엘리야인 것이 밝혀집니다. 세례 요한은 엘리야의 성정과 신념으로 온 예언자라는 것입니다(마 11:14). 세례 요한이 빈들에 있었다는 말은, 그가 하나님의 말씀(구약성경)의 성취를 기다리며 하나님 나라의 도래를 앙망하고 있었다는 것입니다. 그는 긴 세월 동안 도시생활의 분요함과 세속적인 삶이 가져다주는 환희와 흥분으로부터 자신을 단절시킨 채, 오로지 왕이신 하나님 나라의 도래에 초점을 둔 앙망을 신실하게 간직하고 있었던 것입니다. 하나님 나라를 학수고대하는 청년 세례 요한은, 이스라엘 영토의 끝자락이자 문명의 오지인 유대 광야 빈들에서 깊은 말씀 연구와 기도에 주력했던 것입니다. 도탄에 빠진 동포들의 삶, 로마제국에 의한 식민 지배의 여러 모순들, 무엇보다도 제사장들과 성전 지배층의 부패와 무자비한 외식주의 등 깊고 깊은 어둠의 역사를 응시하며 말씀의 세계 속에 침잠한 것입니다. 그의 묵상 제목은 메시아의 도래였습니다. 그는 하나님께서 파송하리라 약속하신 그 왕의 아들을 향한 쉼없는 열망을 지닌 채 말씀을 묵상하고 거듭 묵상한 것입니다. 그의 차갑고 무거운 가슴을 화산처럼 달구었던 말씀이 바로 이사야 40:3과 말라기 3:1이었습니다. 이 두 말씀은 그의 인생의 의미와 목적을 해명한 말씀이었습니다.

사랑하는 청년 여러분! 여러분 인생의 목적과 의미를 밝히고 규정하는 하나님의 말씀을 청년 시절에 만날 수 있기를 바랍니다. 여러분의 남은 인생을 조타할 하나님의 말씀의 진동이 파동치면, 빈들에 파묻힌 순수하고 고독한 외톨이가 공생애를 시작할 수 있습니다. 광장과 거리에 나가 하나님의 말씀을 증거할 수 있습니다. 그러므로 여러분, 현재 권력을 쥐고 세계를 좌지우지하는 듯한 권력자들의 위광에 휘둘리지 말기를 바랍니다.

일제 시대에 우국지사요 항일의 기개를 가진 민족 지도자와 선각 지식인들이 친일파로 전락한 가장 큰 이유는, 하나님 나라의 도도한 복원력을 믿지 못했기 때문입니다. 한때 조선을 대표하는 지식인이었던 이광수, 최남선, 윤치호 등은 일본 제국주의의 장구한 통치와 영속적인 존속을 믿어 의심치 않아 변절했던 것입니다. 그들에 비해 안

중근과 김구 같은 독립운동가들은 일본제국의 식민지배가 세계사의 원리에 어긋날 뿐 아니라, 잔악하고 반인륜적인 무단통치는 하나님 나라의 원리에 어긋난다는 것을 확신했기 때문에 항일의 기개를 끝까지 지킬 수 있었던 것입니다.

세례 요한이 빈들에 있었다는 것은 고독과 절제, 초점 잡힌 말씀 묵상과 기도, 소박한 의식주, 그리고 안정되고 부요한 삶의 거부로 자신을 철저하게 담금질했다는 것을 의미합니다. 이렇게 준비된 청년에게 하나님의 말씀이 임합니다. 하나님의 말씀이 임한다는 것은 하나님의 사자(messenger)가 된다는 것입니다. 하나님의 사자는 대중과 권력자들, 희망과 핏기를 잃어버린 군상들 모두를 강력하게 뒤흔들며 그들을 하나님의 거룩한 현존 앞으로 소환합니다. 그래서 하나님의 말씀은 로마 황제 티베리우스, 로마 총독, 헤롯, 대제사장을 다 비껴가 빈들에 있는 세례 요한의 가슴을 진동시킬 수 있습니다. 요한 자신이 하나님의 말씀을, 양심을 진동시키는 힘이요 요구로 들었기 때문에 동시대인의 마음을 진동시킬 수 있었습니다. 하나님의 말씀에 진동된 사람만이 다른 사람들의 마음을 진동시킵니다. 하나님의 마음에 공명하여 외치는 자의 소리가, 거짓되고 악한 왕들의 보좌를 세차게 뒤흔들 수 있습니다. 세례 요한은 이 세상에 오실 만왕의 왕 만주의 주가 오실 길을 예비하는 외치는 소리였습니다. 빈들에서 왕의 강림을 기다리는 세례 요한의 단순하고 초점 잡힌 삶이 영적 각성의 단초였습니다. 그의 회개의 세례운동은 온 이스라엘 공동체를 깨웠습니다. 그의 메시지를 듣고, 죄 씻음을 받지 않고는 안되겠다는 절박감이 일어난 것입니다. 회개를 촉구하는 그의 물세례(눅 3:3)는 제사장 출신 예언자 에스겔에

근거했을 것입니다.

> 맑은 물로 너희에게 뿌려서 너희로 정결케 하되 곧 너희 모든 더러운 것
> 에서와 모든 우상을 섬김에서 너희를 정결케 할 것이며 또 새 영을 너희
> 속에 두고 새 마음을 너희에게 주되 너희 육신에서 굳은 마음을 제하고
> 부드러운 마음을 줄 것이며 또 내 신을 너희 속에 두어 너희로 내 율례
> 를 행하게 하리니 너희가 내 규례를 지켜 행할지라(겔 36:25-27).

제사장의 관심은 정결과 불결, 거룩함과 속됨의 구분입니다. 그
는 자신의 회개 설교를 통해 모든 골짜기가 메워지고 모든 산들이 낮
아지고 굽은 길이 똑바른 길이 되고 험한 길이 평탄케 될 것을 기대했
습니다(눅 3:4-5). 이스라엘 상류층 사람들과 성직자들의 배타적 민족
주의를 세차게 공격했습니다. 윤리와 바른 삶으로, 공평과 정의의 사
회생활로 표현되지 않는 선민의식은 가증스러운 허위의식임을 폭로
했습니다.

> 요한이 세례를 받으러 나오는 무리에게 이르되 독사의 자식들아, 누가
> 너희를 가르쳐 장차 올 진노를 피하라 하더냐. 그러므로 회개에 합당한
> 열매를 맺고 속으로 아브라함이 우리 조상이라 말하지 말라. 내가 너희
> 에게 이르노니 하나님이 능히 이 돌들로도 아브라함의 자손이 되게 하
> 시리라. 이미 도끼가 나무 뿌리에 놓였으니 좋은 열매 맺지 아니하는 나
> 무마다 찍혀 불에 던지우리라(눅 3:7-9).

동시대의 이스라엘은 뿌리째 뽑힐 위기에 처한 열매 맺지 못하는 한 그루 마른 나무였습니다. 이 회개의 세례운동은 모든 계층의 사람들을 요단 강 물속으로 뛰어들지 않으면 안되도록 만들었습니다. 일반 백성들, 세리, 군병들까지 와서 회개의 세례를 받기 원했습니다. 그들은 회개의 합당한 열매가 무엇인지 물었고, 요한의 대답은 과격하다 못해 급진적이었습니다.

> 무리가 물어 가로되 그러면 우리가 무엇을 하리이까. 대답하여 가로되 옷 두 벌 있는 자는 옷 없는 자에게 나눠줄 것이요 먹을 것 있는 자도 그렇게 할 것이니라 하고 세리들도 세례를 받고자 하여 와서 가로되 선생이여 우리는 무엇을 하리이까 하매 가로되 정한 세 외에는 늑징치 말라 하고 군병들도 물어 가로되 우리는 무엇을 하리이까 하매 가로되 사람에게 강포하지 말며 무소하지 말고 받는 요를 족한 줄로 알라 하니라 (눅 3:10-14).

　　일반 백성들에게 회개는, 옷 두 벌을 가진 사람이 옷 없는 사람에게 한 벌을 나눠주는 것, 갖고 있는 빵 두 조각 가운데 한 조각을 이웃과 나누는 것입니다. 자신의 욕망과 소유욕을 반분(半分)하는 것이 회개라는 것입니다. 회개란 이처럼 급진적인 것입니다. 세리들에게 회개란, 권력을 이용한 행정권 남용을 포기하고 치부를 드러내는 것이었습니다. 가렴주구를 그치는 것입니다. 군인들은 폭력에 의지해 민간의 삶을 위협하고 그들의 재산을 빼앗는 행위를 그치고 받은 월급으로 살아가는 것입니다. 이것은 모든 시대의 인류가 직면해야 하는 회개의 요청입니다. 회개는 욕망과 안락과 포만감의 반분입니다. 안락과 소유욕을 제단에 바쳐 반으로 쪼개는 것입니다. 지위나 권력을 이용한 일체의 불의한 이익을 추구하는 행위의 영원한 포기가 회개입니다. 자신이 받고 있는 월급보다 더 큰 이익을 얻기 위해 폭력에 호소하는 행위를 즉각 단절하는 것입니다. 세례 요한의 영적 각성은, 이처럼 통전적인 사회 변혁이요 공동체 생활의 재창조였습니다.

한 그리스도인의 회개, 한 교회의 회개는 사회적 파장을 일으키며 공동체적 재주형을 초래합니다. 세례 요한이 빈들에서 보낸 그 고독한 절제와 단련의 시간은, 하나님의 말씀을 전 존재로 받아 공명하도록 만들었습니다. 우리 시대에 필요한 영적 각성 역시, 이처럼 초점 잡힌 빈들의 시간을 하나님께 바쳐 하나님의 말씀에 전 존재의 진동을 경험한 단독자들의 외침에서 시작될 것입니다. 공장제 생산방식처럼 대량 양산된 일꾼들이 아니라, 하나님의 손으로 세밀하게 빚은 상감청자처럼 가내수공의 공정을 거쳐 주형된 거룩한 외톨이들에 의해 영적 각성은 기획되고 준비될 것입니다.

우리 시대는 7천만 동포들을 한강, 대동강으로 소환해 회개의 세례를 받지 않으면 안된다고 외치는 자의 소리에 목마릅니다. 우주적 화음으로 한 시대의 양심을 진동시킬 외치는 소리들이 일어나야 합니다. 사랑하는 형제자매 여러분! 여러분의 이십대와 삼십대가 하나님 말씀의 강력한 임재를 경험하기 위한 빈들의 시간으로 저당잡히는 시기가 되기를 바랍니다. 하나님 말씀의 수직적 임재를 경험하여, 세상 사람들을 빈들로 초청하는 여러분이 되시기를 간구합니다.

사도 바울의 영적 각성

아볼로가 고린도에 있을 때에 바울이 윗 지방으로 다녀 에베소에 와서 어떤 제자들을 만나 가로되 너희가 믿을 때에 성령을 받았느냐. 가로되 아니라 우리는 성령이 있음도 듣지 못하였노라. 바울이 가로되 그러면 너희가 무슨 세례를 받았느냐. 대답하되 요한의 세례로라(행 19:1-3).

본문에는 세례 요한의 세례만을 알고 있던 에베소의 유대인들 가운데 일어난 영적 각성운동이 등장합니다. 여기서 영적 각성이란, 좁게는 유대인 성경 선생이자 그리스도인이 된 아볼로의 지도 아래 있던 에베소 회당의 열두 제자들 가운데 일어난 성령강림 사건을 의미하고, 넓게는 에베소 도시 한복판에 일어난 문화 변혁을 의미합니다. 일찍이 세례 요한은 자신의 물세례 사역이 그리스도의 불세례 사역의 서곡에 불과하며 전령 사역임을 말한 적이 있습니다(눅 3:16, 행 19:4). 아볼로가 가르쳐 준 세례 요한의 물세례는 이방인들의 마음속에 어떤 반향도 불러일으키지 못했습니다. 그것은 세례 요한이 유대 광야에서 유대 군중을 향해 외친 그 말씀의 파괴력이 동반되지 않은 종교적 의식에 불과한 세례였습니다(행 19:2-3). 이방인들의 경우 구약 역사를 모르기 때문에, 구약성경에 근거해 그들의 죄를 탄핵하는 것은 효과적인 사역이 아니었을 것입니다. 결국 에베소의 기독교인들은 성령의 세례를 알지 못한 채 젖은 장작더미처럼 냉랭한 가운데 있었습니다. 성령이 계시다는 것도 듣지 못했습니다. 오늘날 기독교인들 가운데 아볼로의 제자로 만족하며 사는 사람들이 적지 않습니다. 그들은 자신의 마음을 겨우 다스리고 경건하게 보존하는 데 관심을 갖는 지극히 개인주의적 종교인입니다. 그들은 자신들의 영적 복지와 관련한 경우에는 어느 정도의 열심을 냅니다. 그러나 그들에게는 "하나님 나라"의 보다 광대한 전망이 없습니다. 복음의 능력으로 세상을 변혁시킬 비전은 꿈도 꾸지 못합니다. 에베소의 제자들이 바로 그런 수준이었을 것입니다. 바울은 이 젖은 장작더미를 성령의 잉걸불로 태웠습니다.

> 바울이 가로되 그러면 너희가 무슨 세례를 받았느냐. 대답하되 요한의 세례로라. 바울이 가로되 요한이 회개의 세례를 베풀며 백성에게 말하되 내 뒤에 오시는 이를 믿으라 하였으니 이는 곧 예수라 하거늘 저희가 듣고 주 예수의 이름으로 세례를 받으니 바울이 그들에게 안수하매 성령이 그들에게 임하시므로 방언도 하고 예언도 하니 모두 열두 사람쯤 되니라(행 19:3-7).

바울은 그들에게 요한의 물세례는 예수의 불세례로 완성되어야 함을 가르쳤습니다. 십자가에 못박혀 죽으시고 장사된 지 사흘 만에 부활하신 예수가 주요, 그리스도가 되셨을 뿐 아니라 성령을 파송하심으로 자신의 왕적 다스림을 시작하셨음을 그들에게 가르쳤습니다. 에베소의 제자들은 마음이 뜨거워졌습니다. 그들은 예수가 주요 그리스도가 되셨다는 바울의 복음을 듣고 주 예수 그리스도의 이름으로 세례를 받았습니다. 이것이 바로 불의 세례입니다. 주 예수 그리스도의 다스림 아래 자신을 복종시키는 사건, 옛 자아를 십자가에 못박는 사건이 바로 주 예수의 이름으로 세례를 받는 사건입니다. 세례와 함께 바울이 열두 명의 제자들에게 안수했을 때, 곧 그들이 주 예수를 영접하고 신앙고백을 했을 때 성령이 강림했습니다. 성령강림을 경험한 후 그들은 방언도 하고 예언도 했습니다. 에베소판 오순절 성령강림을 맛본 것입니다(숫자로 보자면, 예루살렘 백이십 문도의 십분의 일인 열두 제자임).

하지만 이것은 엄밀한 의미에서 영적 각성이 아닙니다. 실존적인 구원 경험이요 성령충만의 경험입니다. 영적 각성은 성령충만(성령에 온전히 지배되는 상태, 곧 예수님의 뜻에 온전히 복종할 의지로 가득 찬 상태)한 개인들이 세상을 향해 발산하는 영적 파급력입니다. 이 영적 파급력은 성령충만한 개인들이 세상과 충돌할 때 발생합니다. 세상의 저항과 도전이 없으면 영적 파급력이 나오지 않습니다. 한국 교회는 교회를 신앙생활의 현장으로 삼아 버리는 탓에 기독교 신앙과 세상과의 접촉점을 상실하고 있습니다. 6일 동안 복음은 침묵하고 7일째만 잠깐 소란스럽게 선포됩니다. 복음이 삶의 현장 깊은 곳으로까지는 진출하지 못합니다. 기독교 신앙은 교회 안에서 논의되는 지극히 사사로운 기호나 관심, 취미나 내면생활일 뿐입니다. 이렇게 되면, 세상 직업을 갖고 현장에서 일하는 사람들과 충분히 접촉하지 못하는 목회자가 신앙생활의 중심이 됩니다. 그들은 거룩의 관리자요 영성의 보존자요 기독교 신앙의 파수꾼입니다. 그러나 목회자들의 설교가 교회 울타리를 넘어 세상 한복판까지 증폭되어 들리지 못합니다. 한국 기독교인들의 체질화된 이원론적 신앙 형태는 기독교의 미신화, 교회의 탈세상적 고립화, 성직의 제사장화를 초래했습니다. 이원론적 기독교인들은 신앙과 윤리의 통합을 이루지 못합니다. 7일째 주일의 행동과 6일간의 세속적인 날들 사이에 존재하는 간극을 채우려면 너무 괴롭고 답답합니다. 기독교 신앙대로 제대로 살자니 포기해야 할 기득권이 너무 많고 감수해야 할 불편이 너무 크기 때문입니다. 영적 각성이 일어나는 지점은 세속 사회의 한복판에서 불어오는 거친 돌풍을 맞으며 그것을 돌파하려고 분투하는 곳입니다. 바울은 악귀와 마술이 지배하던 광대하고 대적 세력이 많은 에베소의 문화와 거룩하게 맞서고 있었습니다.

> 바울이 회당에 들어가 석 달 동안을 담대히 하나님 나라에 대하여 강론하며 권면하되 어떤 사람들은 마음이 굳어 순종치 않고 무리 앞에서 이 도를 비방하거늘 바울이 그들을 떠나 제자들을 따로 세우고 두란노 서원에서 날마다 강론하여(행 19:8-9).

바울의 에베소 사역은 적대자들의 저항을 맞이하여 새로운 국면으로 접어듭니다. 적대적인 유대인들의 반대로 회당에서 쫓겨난 바울은 두란노라는 사람의 사설학원을 세내어 그것에서 제자들을 집중적으로 가르쳤습니다. 바울의 강론은, 예수가 왕이시며 예수가 주시라는 복음에 대한 강론이었습니다. 다른 말로 하면, 하나님 나라에 대한 강론이었습니다. 바울의 하나님 나라 강론은 단순히 창백한 이론 강의가 아니라 하나님 나라의 실체를 경험케 하는 실천적 강의였습니다. 바울은 날마다 성경을 가르쳤습니다. 2년 동안 날마다 성경을 강론했습니다. 처음 두란노 강좌는 제자들을 위한 선택적 집중형 강좌였을 것입니다. 바울의 가르침을 이해하고 실천하는 제자들을 집중적으로 양성하는 프로그램이었습니다. 그러나 2년 만에 그 저변이 확대되어 대중들도 참여하는 유명한 프로그램이 되었습니다.

이같이 두 해 동안 하매 아시아에 사는 자는 유대인이나 헬라인이나 다
주의 말씀을 듣더라(행 19:10).

2년 동안 매일 성경 강론을 했다는 사실이 바로 하나님의 권능
이 임하는 매개체가 되었습니다. 마르틴 루터가 종교개혁의 누룩이 될
만한 사상을 발효시킬 때, 일년에 550여 차례 이상 설교한 것으로 알
려져 있습니다. 위대한 영적 각성운동의 저변에 아주 세밀하게 준비
된 말씀 강론이 있었습니다. 온 영국민을 깨운 스펄전도 매일 설교하
는 일의 중요성을 일찍이 강조했습니다. 바울의 2년간 축적된 말씀 강
론과 순종이 그로 하여금 하나님의 희한한 권능을 발휘하게 했습니다.
낮에는 인슐라라고 하는 주상복합식 건물 내부의 텐트공장(브리스길라
와 아굴라 소유의 공장인 듯함)에서 일하고 밤 시간에는 말씀을 강론했습
니다. 삶 전체를 주 예수의 명령에 대한 순종으로 일관한 2년간의 축
적된 경건생활과 단순한 제자도의 삶을 통해 하나님의 권능이 세차게
흘러내렸던 것입니다.

하나님이 바울의 손으로 희한한 능을 행하게 하시니 심지어 사람들이
바울의 몸에서 손수건이나 앞치마를 가져다가 병든 사람에게 얹으면 그
병이 떠나고 악귀도 나가더라(행 19:11-12).

하나님의 권능은 노동으로 단련된 바울의 손을 타고 흘렀습니다.
육체노동으로 자신의 생활비를 버는 겸손한 선교사 바울의 손수건과
앞치마는, 낮시간의 생업노동으로 자신을 소진시킨 바울의 겸손이요

성실을 상징합니다. 하나님의 권능은 바울의 땀과 수고와 눈물로 젖은 손수건과 앞치마를 타고 흘렀습니다. 여기서 우리는 하나님의 권능이 움직이는 동선을 목격합니다. 권능을 받기 위해 무작정 40일 금식기도에 돌입하는 부흥사들과는 다릅니다. 하나님의 권능은 땀과 노동과 헌신과 겸손한 수고의 손수건과 앞치마를 타고 내립니다. 하나님은 정직하고 겸손하신 의로운 하나님이시기 때문입니다.

이러한 바울의 권능을 부러워하던 유대인 축사가들도 바울을 흉내내며 악귀 들린 자들에게 주 예수의 이름을 불러 말하기도 했습니다.

> 이에 돌아다니며 마술하는 어떤 유대인들이 시험적으로 악귀 들린 자들에게 대하여 주 예수의 이름을 불러 말하되 내가 바울의 전파하는 예수를 빙자하여 너희를 명하노라 하더라(행 19:13).

그들은 "바울의 전파하는 예수를 빙자하여 너희에게 명하노라"라는 첨가어를 넣어 귀신을 쫓아내기도 했습니다. 마침 에베소의 유대인 제사장 스게와의 일곱 아들도 바울을 모방해 주 예수의 이름으로 악귀들을 추방하려고 시도했습니다(14절). "악귀야, 바울이 전파하는 주 예수의 이름으로 명하노니 나오라!" 그런데 놀랍게도 악귀가 다음과 같이 대답합니다.

> 악귀가 대답하여 가로되 예수도 내가 알고 바울도 내가 알거니와 너희는 누구냐 하며 악귀 들린 사람이 그 두 사람에게 뛰어올라 억제하여 이기니 저희가 상하여 벗은 몸으로 그 집에서 도망하는지라(행 19:15-16).

여기에 우리 시대의 고민이 있습니다. 우리 시대의 기독교가 예수와 바울의 권능을 이어받지 못한 형편을 마귀가 간파하고 있다는 것입니다. 스게와의 일곱 아들은 귀신에게 역습을 당해 오히려 제사장의 제복을 빼앗긴 채 벌거숭이 몸으로 도망칩니다. 스게와의 일곱 아들은 귀신에게 눌려 항복하여 상처를 입고 집으로 도피했습니다. 오늘의 교회는 영적 각성을 이루어 세속 사회의 견고한 무신론적 진지를 허물 수 있는 역동적인 기동전을 펼치지 못하고 있습니다. 오히려 악귀에게 패배해 집으로 도피하여 아예 세상으로 나오지 못하는 제사장 스게와의 일곱 아들 형편을 닮은 꼴입니다. 악귀를 무장해제하지 못해 제사장의 옷을 빼앗기고 천둥벌거숭이처럼 벗은 몸으로 거리를 내달리는 부끄러운 교회에, 바울의 앞치마와 손수건의 수고와 일상적 노동의 신앙 가치가 회복되어야 합니다. 손수건으로 땀을 닦아 가며 앞치마의 수고로운 노동을 감수하며 말씀을 연구함으로써, 한 시대의 마술과 악귀 문화를 해체하는 말씀의 종이 사무치게 그립습니다. 일상생활에 세밀하게 순종하는 날을 쌓고 쌓아서, 어느 날 폭발하는 하나님의 권능을 경험하는 우리 기독청년들이 분연히 일어나는 환상을 그려 봅니다.

> 에베소에 거하는 유대인과 헬라인들이 다 이 일을 알고 두려워하며 주 예수의 이름을 높이고 믿은 사람들이 많이 와서 자복하여 행한 일을 고하며(행 19:17-18).

바울의 손과 앞치마와 손수건을 통해 내리는 하나님의 권능은, 에베소에 사는 모든 유대인과 헬라인들에게 알려진 객관적인 하나님 나라의 시위였습니다. 하나님 나라가 실체적으로 경험되면 사람들의 삶의 한복판에 경건한 두려움이 일어나고 주 예수 그리스도의 이름을 높이게 됩니다(빌 2:6-11). 주 예수 그리스도가 하나님 보좌 우편에 앉으신 주요 왕이심을 믿은 많은 사람들이, 와서 자신들의 어두운 과거를 고백하고 청산했습니다. 에베소의 유명한 번창 산업인 점술과 마술 사업가들마저도 이 도도한 회개운동에 동참했습니다.

> 또 마술을 행하던 많은 사람이 그 책을 모아 가지고 와서 모든 사람 앞에서 불사르니 그 책값을 계산한즉 은 오만이나 되더라. 이와 같이 주의 말씀이 힘이 있어 흥왕하여 세력을 얻으니라(행 19:19-20).

결국 하나님의 말씀 앞에 마술의 힘은 위력을 잃었습니다. 미래에 대한 막연한 불안 때문에 번성하던 마술 사업은 진리이신 하나님의 말씀 앞에 용도 폐기된 것입니다. 문화 변혁입니다. 한 도시의 성형수술입니다. 마술과 악귀가 지배하던 에베소의 정신세계를 붕괴시킨 것입니다. 1907년 평양 일대에 일어난 대부흥운동의 영적 파급력과 19세기 영국의 웨일즈 지방에 있었던 부흥운동과 18-19세기 두 차례에 걸쳐 일어난 미국의 부흥운동의 대사회적 파급력도 바울의 에베소 영적 각성의 재현이라고 볼 수 있습니다.

바울의 선교 사역지 가운데 에베소는 가장 도전적이고 적대적인 지역이었습니다. 바울 자신이 "광대하고 공효를 이루는 문이 열리고 대적하는 자가 많"은 곳이라고 평가(고전 16:9)한 곳입니다. 바울의 3개월 에베소 회당 사역과 2년 동안의 두란노 서원 사역은 복음을 통한 영적 각성의 생생한 현장을 보존하고 있습니다. 우리는 여기서 어떻게 하면 주의 말씀이 흥왕하여 세력을 얻을 수 있을지에 대한 몇 가지 실마리를 얻습니다.

첫째, 2년간 지속된 성경 강론(하나님 나라 강론)입니다. 제자들은 바울의 영적 감수성을 심화시킨 영적 허기와 갈증을 가진 사람들입니다. 바울의 강론은 에베소 지역 사람들에게 유명한 강좌가 되었습니다. 제자들에게 초점을 맞춘 강좌이지만 다수의 무리들에게까지 혜택을 끼친 강좌였습니다.

둘째, 바울은 영적 흑암 세력을 제압했습니다. 사람이 영적인 힘의 매개자입니다. 사람은 악령의 대리자로 살 수도 있고 하나님의 성령의 도구가 될 수도 있습니다. 바울의 손수건마저도 하나님의 강력을 전달하는 매개물이 되었습니다. 바울의 신기한 카리스마와 영적인 능력은 감히 누구도 모방할 수 없는 진정한 하나님의 강력 시위였습니다. 한국 교회가 영적인 강력을 발휘하는 견고한 진지가 되기를 기도합니다! 선하고 순수한 것만으로 이 세상을 하나님 나라에 복속시킬 수 없습니다. 선하고 순수한 사람들이 악을 무장해제할 강력을 가져야 합니다. 이 두 가지 조건이 충족될 때 복음을 통한 하나님 나라 운동은 정신세계의 혁명을 가져오고 도시의 문화 전체를 바꾸는 문화 변혁의 힘을 발산합니다.

이처럼 하나님의 말씀인 복음은 견고한 진을 파하는 강력입니다. 한국 교회는 두란노 서원의 개방형 교회가 되어야 합니다. 세상에 파송하려는 마음으로 제자들을 양성하는 것입니다. 성경공부의 목적은 세상 파송입니다. 그러나 파송되기 전에, 먼저 제자 공동체 안에 하나님의 희한하고 신령한 권능이 나타나기를 간구합니다. 한국 교회가 착하고 의로울 뿐만 아니라 악한 영들의 세계와 우상숭배의 문화를 혁신하는 신적 권능의 발원지가 되기를 앙망합니다.

너희 묵은 땅을 기경하라

1517년 10월 31일, 마르틴 루터라는 독일 수도사가 로마 가톨릭 교회를 향해 비텐베르크 성(城) 교회 문에 95개의 반박성명을 내걸었습니다. 루터가 내건 반박문의 핵심은, 로마 가톨릭 교회가 광적으로 추구하던 면죄부 판매의 불법성과 부당함에 대한 비판이었습니다. 테첼이라는 선동적인 신부는 "여러분의 헌금이 짤랑 소리를 내며 헌금궤에 떨어지는 순간, 여러분의 죽은 조상의 영혼은 연옥에서 벗어나 천국을 향해 올라간다"고 설교하며 다녔습니다.

그토록 무지몽매하고 미신적인 설교가 기승을 부리며 수많은 사람들을 흥분시켜 면죄부를 사게 할 수 있었던 한 가지 이유는, 일반 평신도들이 성경을 공부할 수 있는 기회를 전혀 갖지 못했기 때문입니다. 루터는 로마 가톨릭 교회가 그토록 타락—성직자들의 귀족화, 성적·금전적 스캔들, 교회 재산의 급격한 증가, 평신도의 무지몽매와 노예근성—할 수 있었던 이유는, 하나님의 말씀이 정당하게 선포되지 못했기 때문이라고 믿었습니다. 하나님의 말씀이 선포되지 못하면 인간의 말(명령, 규례, 전통)이 하나님의 말씀의 권위를 입고 활개칩니다. 로마 가톨릭 교회는 하나님의 말씀 대신 교황과 주교와 신부들의 권위가 미사예배(성찬) 위에 기초하고 있었습니다.

루터의 종교개혁은 하나님의 말씀을 다시금 교회에 선포한 사건입니다. 그러므로 교회 역사상 종교개혁은, 사도행전 사건 이후 최대의 경사요 감격적인 하나님 주권회복의 날입니다. 하나님의 말씀은 하나님의 명령이자 초청이요 약속입니다. 피조물 인간은 하나님의 말씀에 대해 밭과 같은 존재입니다. 인간은 하나님의 말씀 씨앗이 뿌려져 하나님의 열매를 맺도록 창조된 존재입니다. 마가복음 4장은 하나님의 말씀을 받는 네 가지 마음을 소개합니다.

> 들으라. 씨를 뿌리는 자가 뿌리러 나가서 뿌릴새 더러는 길가에 떨어지매 새들이 와서 먹어 버렸고 더러는 흙이 얇은 돌밭에 떨어지매 흙이 깊지 아니하므로 곧 싹이 나오나 해가 돋은 후에 타져서 뿌리가 없으므로 말랐고 더러는 가시떨기에 떨어지매 가시가 자라 기운을 막으므로 결실치 못하였고 더러는 좋은 땅에 떨어지매 자라 무성하여 결실하였으니 삼십 배와 육십 배와 백 배가 되었느니라 하시고……좋은 땅에 뿌리웠다는 것은 곧 말씀을 듣고 받아 삼십 배와 육십 배와 백 배의 결실을 하는 자니라(막 4:3-8, 20).

길가의 밭, 돌과 바위를 숨긴 채 얇은 흙으로 덮여 있는 밭, 가시덤불에 뒤덮힌 밭은 하나님의 말씀에 어떤 열매도 맺지 못합니다. 하나님의 말씀은 그 자체가 생명을 가진 말씀이기 때문에 듣고 영접한 사람에게 반드시 살아서 역사합니다. 설교를 들을 때나 성경을 공부할 때 영접한 말씀은, 허공에 사라지지 않고 우리의 몸과 영과 혼과 골수를 찔러 쪼개며 스며듭니다. 인격 마디마디에 스며들면서 우리를 하나님의 형상대로 새롭게 조형해 갑니다. 하나님의 말씀은 우리의 그릇된 생각을 고쳐 주고 박약한 의지를 강하게 하고 초점 없는 산만한 삶을 목표 지향적인 삶으로 변화시킵니다.

> 비와 눈이 하늘에서 내려서는 다시 그리로 가지 않고 토지를 적시어서 싹이 나게 하며 열매가 맺게 하여 파종하는 자에게 종자를 주며 먹는 자에게 양식을 줌과 같이 내 입에서 나가는 말도 헛되이 내게로 돌아오지 아니하고 나의 뜻을 이루며 나의 명하여 보낸 일에 형통하리라(사 55:10-11).

하나님의 말씀은 삼십 배, 육십 배, 백 배의 신적 생산성과 열매를 가져다줍니다. 하나님의 말씀은 영생, 곧 무한히 부요하신 하나님 나라에 참여하도록 우리를 설득하고 깨우칩니다. 종교개혁의 본질은 하나님 말씀의 열매를 맺어 하나님께 영광을 돌리며 이 세상 사람들에게 공공선을 창조하도록 하는 데에 있습니다.

6

기독청년이여, 기본으로 돌아가자!

마태복음 6:22-24

마태복음 6:22-24

눈은 몸의 등불이니 그러므로 네 눈이 성하면 온 몸이 밝을 것이요 눈이 나쁘면 온 몸이 어두울 것이니 그러므로 네게 있는 빛이 어두우면 그 어둠이 얼마나 더하겠느냐. 한 사람이 두 주인을 섬기지 못할 것이니 혹 이를 미워하고 저를 사랑하거나 혹 이를 중히 여기고 저를 경히 여김이라. 너희가 하나님과 재물을 겸하여 섬기지 못하느니라.

대학 시절은 인생의 가장 중요한 세 가지 문제가 해결되지 않았다는 점에서 불확실한 시기입니다. 우선 자신과 미래 가족의 생계를 책임질 '직업'이 정해지지 않았습니다. 또한 일생의 남은 기간을 자신과 같이 할 인생의 동반자요 반려자인 '배우자'가 확정되지 않았습니다. 마지막으로 일생 동안 몸을 바쳐 수행할 만한 '소명'이 발견되지 않았습니다. 이 세 가지는 독립적이면서도 동시에 상호 연결되어 있는 문제입니다.

불확실한 대학 시절

대학 시절은 이처럼 불투명한 미래 전망으로 에너지를 헛되이 소모하기 쉬운 때입니다. 무한히 자유롭고 여유 시간도 꽤 있는 것처럼 생각되지만, 막상 효과적인 시간 사용을 위한 지혜가 부족하다는 것을 느낄 때가 많습니다. 헛바퀴 돌아가는 듯한 분주함 끝에 공허감이 찾아옵니다. 이유가 무엇이겠습니까? 그것은 자신이 누구인지 모르기 때문입니다. 대학인은 끝 모를 질문에 둘러싸여 있습니다. '나 자신이 원하는 것은 무얼까?' '나는 어떤 일에 적합할까?' '나의 고유한 은사와 자질은 무엇일까?' 이런 질문들에 대한 답은 강의실이나 도서관에서 연구하여 얻을 수 없습니다. 이런 질문들을 유보한 채 남과 경쟁해서 이기는 일에 몰두하다가 마침내 영육간의 피폐를 경험하기도 합니다. 마치 로마 콜로세움의 용감한 검투사가 적을 넘어뜨리고 자신도 쓰러지듯이, 대학인들도 쓰러집니다. 정작 자신이 누구인지에 대한 공부가 너무 부족하기 때문입니다.

특히 한국의 대학인들은 고등학교 교육의 파행적 운영 때문에 자신의 재능이나 은사에 대한 깊은 이해가 거의 없는 상태에서 대학생활에 내던져집니다. 자아에 대한 이해가 부정확하고 희미한 이십대 초반의 젊은이들에게 대학생활은 거친 해일이나 파도같이 밀어닥칩니다. 그 결과로, 자신이 누구인지도 모른 채 자신의 인생의 의미도 모른 채, 외부에서 강요된 과업들을 감당하느라 대단히 피폐해진 삶을 이어가야 하는 것입니다.

한 학기 20학점 전후의 학점에 적어도 B학점 이상을 따기 위해서는, 대학인은 고단하기 짝이 없는 일상사를 감내해야 합니다. 20시간의 수업 출석 외에도 각각의 수업에 딸린 과제들을 처리하느라 밤을 새우기도 하고, 중간고사나 기말고사를 치르기 위해서는 밤새워 글을 읽고 써야만 합니다. 과목마다 과제물은 끝이 없고, 수업시간마다 들려오는 "무한 경쟁"이라는 신자유주의 이데올로기의 구령에 따라가기란 심히 벅찹니다. 무한 경쟁에서 승리한 사람만이 행복할 수 있다는 승자 독식의 문화가 우정과 사귐, 공동체적 연대와 사랑의 문화를 잠식합니다. 콜로세움 같은 캠퍼스에 던져진 대학인은 고독하고 고단합니다. 그들의 옷깃이 젊음의 패기를 뿜어내고 그들의 당당한 걸음걸이는 미래를 향해 질주하는 용사의 질주처럼 보이지만, 실상 그들의 옷깃 한 켠 너머에는 대학인을 무섭게 응시하는 잔혹하고 불확실한 미래가 기다립니다. 미래는 위협의 말을 걸어옵니다. "인생의 경주에서 패배자가 되지 않고 승리자가 되기 원한다면, 너는 강해져야 한다. 너는 '달'을 좇다가 현실의 시궁창에 빠지지 말고 '6펜스'를 찾아 이를 악물어야 한다. 친구, 우정, 진리, 봉사 다 좋지. 하지만 그것도 네가 네 스스로 만족하고 인정할 정도의 성공을 거두고 나서의 일이야. 네가 약해서 패배자가 되면 세상은 아무도 너를 거들떠보지도 않을 거야."

이런 위협에 시달리는 한국의 대학생들은 대부분 탁월할 뿐 아니라 총명과 성실로 담금질되어 있습니다. 하지만 애꿎은 상대평가에 행복을 박탈당하고 있는 것입니다. 새 밀레니엄을 맞이하고도 여전히 한국 사회는 전근대적인 성적의 연좌제도로 젊음의 생명력을 앗아가고 있습니다. 많은 젊은이들이 상대평가라는 수능 연좌제에 매여 소위 일류 대학에 들어가지 못해 고생하지 않습니까? 그런 점에서 학벌주의는 극복되어야 합니다. 사실 외국에 나가 공부하는 우리나라 유학생들의 총명과 성실은 익히 알려져 있습니다. 굳이 우리나라의 명문 대학 출신이 아니어도 외국에 나가 일류 대학 박사과정에서 탁월한 성취를 내는 예들은 수없이 많습니다. 하버드 대학은 적어도 한국의 상위권 대학을 하나의 그룹으로 묶어 취급합니다. 소위 한국의 명문대 졸업생들에게 입학 때에 어떠한 프리미엄도 주어지지 않습니다. 그런데도 한국 사회는 대학 서열주의의 이름 아래 유치한 도토리 키재기식의 경쟁으로 몸살을 앓고 있습니다. 겨우 대학에 들어 가더라도 절대 다수의 대학인들에게 학벌주의는 족쇄가 되어 버립니다. 인생의 의미도 채 모르던 고 3때의 성적 하나만으로 일생의 남은 보상과 징벌을 가해 오는 학벌주의는 전근대적인 연좌제입니다. 고 3때의 성적으로 일생의 등급을 매기는 연좌제인 것입니다. 적은 일자리에 비해 유능한 엘리트가 넘쳐나는 한국 사회가 강요하는 이 상대평가주의가 이 땅의 대학인들을 옥죄고 있습니다. 취업시험이나 국가자격고사 등의 합격 여부가 상대평가로 판가름납니다. 그들 자체로도 우수하고 유망한 유수의 청년 대학인들이 얼마나 더 부당한 열등감으로 자신을 괴롭혀야겠습니까? 답답하고 민망한 일이 아닐 수 없습니다.

좁은 취업문에 줄을 선 이 땅의 젊은이들이 단지 상대평가에 의해 한국 사회에서 자신의 역할을 찾지 못한 채 패배감과 열등감을 견디며 살아가야 하는 현실은 극복돼야 할 현실입니다. 대부분의 대학생들이 4년 내내 열심히 공부한다 하더라도 그 수고의 보상을 취업이라는 이름으로 되돌려 받을 수 있는 경우는 상당히 드문 일입니다. 이처럼 불확실한 미래를 향해 자신을 던져야 하는 대학인의 마음고생은 여간 큰 것이 아닙니다. 밤새도록 그물을 던졌건만 하나도 잡은 것이 없었던 시몬 베드로의 경험처럼, 그들에게 수고로운 노동(공부)은 무가치한 헛된 수고로 끝나 버릴 수도 있습니다. 그런 점에서 한국의 대학생들은 고독하고 고단합니다. 이처럼 상상을 초월하는 고독과 불확실성에 속박된 채 어쩌면 보상받지 못할 수 있는 노동에 탈진한 대학인들에게, 언론은 또 하나의 고통스런 타격을 가합니다. '청년 실업자 40만 넘어', '올 대기업 채용인원 급감', '저무는 상아탑의 꿈', '대학

졸업 후 맞는 절망적인 청년 실업' 등 음울한 기사 제목들이 대학인들의 불확실한 분투를 더욱 낙담시키는 것으로 보입니다.

그렇다면 우리는 여기서 잠시 질문하지 않을 수 없습니다. 무한 경쟁만이 행복과 번영을 확보하는 유일한 길이라고 다그치는 신자유주의 이데올로기의 바다에 함께 돛을 올리고, 무한 경쟁의 이름으로 자신을 가혹하고 강경하게 담금질하는 것만이 대학인에게 남겨진 유일한 대안이겠습니까? 일찍 도서관에 등교해 신문지 여러 장으로 이웃과 담을 쌓은 채 법전·토익·토플·전공서적 사이를 삼키듯이 질주하는 길만이 유일한 선택입니까? 선뜻 "예"라고 대답할 수 있겠습니까? 상당히 회의적입니다. 요즘 우리 사회를 놀라게 하는 도덕적 해이(moral hazard)의 한복판에는 지식인들, 고급 공무원, 성공한 사업가들이 진치고 있습니다. 무한 질주의 경쟁에서 이긴 자의 돌연한 추락이 우리를 놀라게 합니다. 대학교 총장, 대학 교수, 대학생, 고위 관리, 법관, 기업체 간부, 법조인 등 대학 교육을 받은 엘리트 지성인들의 허무한 도덕적 파산과 패가망신은 우리에게 어떤 깨달음을 줍니까? 그들은 모두 무한 경쟁에서 이긴 자들이었습니다. 남과의 경쟁에서 이겨 물질적인 안전을 획득한 이들이 아닙니까? 그런데 왜 그들이 인생 전성기에 그토록 돌연하게 추락하고 맙니까?

그것이야말로 무한 경쟁의 심리와 승자주의적 인생관이 막다른 골목에서 만나는 살풍경입니다. 입시 부정에 연루된 대학교 총장과 교수들, 논문을 대필해 주고 수백만원을 받는 석사들, 자신의 자녀와 친구의 자녀들을 특례 입학시키는 교직원들, 입법 정보를 이용해 부동산에 투기하며 위장 전입도 서슴지 않는 국회의원들, 국민의 세금인 저

금리 은행 융자를 분식회계로 도둑질한 반사회적 기업인들, 뇌물과 불의한 이익을 탐하는 모든 직위의 공무원과 기관원들……. 과연 타락과 붕괴의 목록은 끝이 없습니다. 이 모든 도덕적 산사태의 공통된 특징은, 각각의 사태에 연루된 당사자들 모두가 인생의 전성기(prime time)에 갑자기 와르르 무너져 내린다는 점입니다. 도덕적·윤리적 파탄과 파산이 너무 급작스럽게 이뤄집니다. 세속적인 야망 성취와 성공과 출세를 위해 폭주 기관차처럼 달려 온 엘리트들이 일순간에 자신이 쌓은 업적과 성취의 하중을 이기지 못하고 붕괴됩니다. 자신의 인격을 관리하고 욕망을 절제하며 인간관계와 양심을 지키는 아주 기초적인 훈련이나 소양에도 이르지 못한 채 출세했다가 결국에는 공공연한 수치를 당하게 되는 것입니다. 장관이나 총리 후보에 올랐다가 감추어졌던 구린내 나는 행동과 경력이 폭로되어 세상의 웃음거리가 되어 버리는 일을 얼마나 자주 목격합니까? 그러므로 우리는, 경쟁에서 이기는 게임에 몰두하는 세속적인 성공주의가 얼마나 위험한지를 새삼 깨닫게 됩니다.

여기서 생각을 추슬러 봅시다. 무한 경쟁에서 이기는 것보다 훨씬 더 안전한 행복과 평화의 터전이 필요하다고 보아야 하지 않겠습니까? 대학인들 대다수가 잡으려고 좇아가는 성공적인 취업과 자아성취가 오직 무한 경쟁을 통해 가능하다고 생각한다면, 그것은 분명 매우 위험한 도박이 아닐 수 없을 것입니다. 무한 경쟁이 아니라면 우리의 건전한 자아실현은 불가능한 것일까요? 경쟁이 아니라면 우리 자신의 잠재적 역량을 만개할 수 없는 것일까요? 저는 절대 그렇지 않다고 생각합니다. 우리는 무한 경쟁의 동기나 원리가 아니라, 보다 더 고

상한 동기와 원리로 우리의 자아를 실현해야 합니다. 이런 점에서 우리가 대학 시절에 닦는 기본 품성 훈련이나 세계관 및 신앙운동은 대단히 중요하다고 생각합니다. 청년 대학생들이 자신의 인생 전성기에 얻은 성취와 성공을 안전하게 누리려면 자아관을 확립하고, 인격과 품성을 단련하며, 이웃 사랑의 훈련에 많은 시간과 정성을 들여야 합니다. 특히 기독 대학인은 무릇 기본기를 충실하게 다져야 합니다.

진리의 바다에서 발견한 자신의 모습

이런 점에서 기독 대학인은 참으로 행복한 사람입니다. 이십대에 하나님을 모시고 품성과 인격 단련에 정성을 바칠 수 있는 기독 대학인의 미래는 밝을 수밖에 없습니다. 위에서 묘사한 불확실하고 음울하고 냉혹한 현실 속에서도 기독 대학인이 딛고 서야 할 반석이 있습니다. 그것이 무엇이겠습니까? 기독교적인 자아관을 확보하는 대회심의 경험과, 그 회심의 경험을 심화하고 확장시키는 초보적인 수도사적 경건 훈련입니다.

　내가 누구인지 아는 일이 대학 시절의 필수적인 첫 단계임은 두말할 나위가 없습니다. 근대 철학의 아버지 데카르트는 자신의 존재 근거를, 의심하고 사유하는 자아에서 찾았습니다. "나는 생각한다. 고로 존재한다"(cogito ergo sum). 생각하고 의심하고 사유하는 작용이 자기 존재의 본질이라고 주장한 것입니다. 우리는 여기서 또 다른 의미의 데카르트적인 길을 제시하고자 합니다. "나는 믿는다. 고로 존재

한다"(credo ergo sum). 무엇을 믿는다는 것입니까? 그것은 내 인생의 의미를 창조하시는 하나님 아버지를 믿는다는 의미입니다. 내가 우주의 파편이 아님을 믿는 것입니다. 내가 우주의 고아가 아니며 아무 목적 없이 그저 삶의 과정만 즐기도록 불확실한 세상에 집어 던져진 존재가 아님을 믿는 것입니다.

이것은, 인생이 너무 지루하고 권태로워 죽음 같은 이십대 청년 시절을 보낸 루이스(C. S. Lewis)가 서른한 살에 경험한 회심입니다. 이 것은, 하루 종일 마늘신과 글쓰기 신을 포함한 네 신에게 예배드리기 위해 너무나 피곤한 십대와 이십대를 보내다가, 기독교 유일신 신앙으로 개종한 일본의 기독교 사상가 우치무라 간조가 경험한 회심입니다. 이것이 바로 17세기 프랑스의 블레즈 파스칼(Blaise Pascal)이 경험한 회심입니다. 그들 모두는 창조주 하나님 앞에서 참 자아를 발견하고 엄청난 동력을 발휘했던 인물들입니다. 그들에 있어 "회심"이란, 창조주 하나님께로 전향하는 결단이었습니다. 모두가 성경을 공부하다가 하나님을 향해 투항한 사람들이었습니다. 그들은 목적도 의미도 없다고 가르치는 무신론적인 성실주의 철학을 일찍이 몸서리치도록 경험한 인물들이었습니다. 동시에 그들은 목적도 없는 삶의 과정, 실존적인 분투만이 의미 있다고 가르치는 헤밍웨이적 허무주의에 빠지기에는 우리 인생이 너무 숭고한 선물임을 자각한 선각자들입니다. 대학 시절은 "회심"이 일어나기에 농익은 시점입니다. 예수 그리스도는 우리에게 신앙을 강요하는 기독교의 교주가 아니라, 우리의 참 자아를 발견하도록 도와주시는 창조주 하나님이십니다. 그분은 우리를 창조하셨기에 우리의 체질을 아시고 우리를 초청하십니다. 그분의 말투가

설령 명령 같을지라도 그 명령이 실상은 초청의 언어입니다.

사도 베드로가 한때 갈릴리의 어부로 살고 있을 때, 나사렛 예수님은 베드로에게 명령했습니다. 그 명령의 언어가 베드로의 가슴을 진동시키고 사로잡은 그 밤의 상황이 비상했음을 기억해야 합니다(눅 5:1-11). 시몬 베드로는 밤새도록 그물을 던졌으나 고기를 잡지 못했습니다. 다음날 꼭두새벽까지 그물을 던졌지만 물고기 한 마리도 잡지 못했습니다. 그때 예수님이 베드로에게 명령했습니다.

깊은 데로 가서 그물을 내려 고기를 잡으라(눅 5:4).

베드로는 말씀의 권위에 순종해 깊은 곳에 그물을 내렸고, 그때 엄청난 수의 고기를 잡았습니다. 그물이 찢어지고 배가 가라앉을 정도였습니다. 그 탈진한 새벽에 시몬 베드로는 전광석화처럼 자신의 눈을 열고 마음을 감동시키는 말씀의 권능을 경험했습니다. 기적 같은 풍요의 경험으로 자신을 초청하신 하나님의 아들 예수를 알아챘습니다. 그리고 즉시 그 앞에 엎드렸습니다. 이것이 베드로의 회심이었습니다. 자신을 사람 낚는 어부로 부르시는 하나님의 부르심을 받은 것입니다. 그는 진리의 바다에 그물을 내려 영혼을 포획하는 대사도가 된 것입니다. 참 자아를 발견한 베드로에게 소명이 떨어진 것입니다.

나중에 성 마태가 된 사도 마태는 한때 레위라는 이름을 가진 세리였습니다. 로마제국의 이스라엘 지배를 앞장서서 도와주는 민족 반역자급 양심불량자였습니다. 그는 지식인이었지만 그 지식으로 자신의 부귀영화와 현실의 힘을 추구하며 그것들을 과신했습니다. 그는 로마제국의 통치라는 현실을 받아들이고 순응하면서 부자가 된 인물이었습니다. 그는 배고픈 소크라테스와 배부른 돼지의 길 중 어떤 길도 따르기를 원치 않았습니다. 그는 놀랍게도 배부른 소크라테스가 되기를 원했습니다(마 6:22-24). 어쩌면 그는 하나님과 돈을 겸하여 섬길 수 있다고 믿었는지도 모릅니다. 하지만 맘몬의 신을 더 사랑하여 하나님을 버린 영적 파탄의 주인공이 되어 버렸습니다. 장 폴 사르트르의 말을 빌자면, 그는 현실 영합과 현실 순응의 대가로 부귀영화를 누리는 지식 기사였습니다. 현실 변혁을 위해 양심의 정결과 절개를 지키는 참 지식인은 아니었던 것입니다.

마태가 갈릴리의 가장 번화한 도시 가버나움의 좁은 세관에 앉아 서서히 죽음의 바다로 침몰해 갈 때, 예수 그리스도가 그 앞을 지나갔습니다. 다른 이들은 모두 다 예수의 말씀을 듣기 위해 바닷가 말씀 사경회로 몰려갔는데 레위 홀로 세관에 남아 있었습니다(마 9:9-13, 막 2:13-14). 예수님은 그가 세관에 앉아 있는 모습을 "보시고" 그의 마음에 일고 있는 풍랑을 "간파하셨습니다." 하나님을 따르고도 싶지만 권력과 돈의 광채와 위력 또한 포기하고 싶지 않은 세리의 자아 분열적 격동을 꿰뚫어 보신 것입니다. 그때 나사렛 예수가 그에게 던진 불가항력적 명령은 "나를 따르라"였습니다. 예수님은 그를 병든 자로 보시고 그를 고쳐 주려 하신 것입니다. 마태는 예수님을 만남으로써 비로소 참 자아를 발견했고, 결국 마태복음을 쓴 사도 마태가 되었습니다.

우리는 언제 참 자아를 발견합니까? 그것은 우리가 전심으로 따를 진리, 최고의 충성을 바쳐 따를 만한 진리를 발견할 때입니다. 우리 삶의 목적과 방향을 알게 될 때 우리는 내가 누구인지, 내가 어떤 일에 적합한지를 발견하게 됩니다. 삶의 목적은 몰라도 되니 삶의 과정만 즐기라는 무신론적 실존주의는 농담 수준의 철학이나 객기에 불과할 뿐입니다. 인생은 목적과 의미를 추구하는 과정입니다. 대학 시절은 자신의 남은 인생을 동여맬 절대 진리를 추구하고 발견하기에 적합한 때입니다. 일생 중에서 유일하게 고민하고 사색에 빠질 여유가 있는 시절입니다. 홀로 고독한 시간을 갖고 깊이 고민하고 생각함으로써 순백한 결단에 이르기에 적합한 시기이기 때문입니다.

예수 그리스도를 통해 계시된 창조주 하나님 아버지를 믿고 사랑하게 될 때 우리는 더 이상 상대평가된 나 자신의 값어치 때문에 일희일비하지 않을 수 있습니다. 우리는 창조주 하나님 앞에서 절대적인 가치와 존엄성을 누리는 존재로 부름받았습니다. 그때 우리는 열등감과 비교의식, 상대평가로 인해 잘못 평가된 내 인생의 참된 가치에 대해 눈뜨게 됩니다. 이처럼 대학인에게 기독교 신앙은 내가 누구인지를 탐구하는 여정입니다. 창조주 하나님이 나를 사랑하셨기에 나를 창조하셨고, 그 하나님께서 당신과의 거룩한 사귐으로 나를 부르셨다는 것을 믿을 때 인생은 엄청난 의미로 재해석됩니다. 하나님의 눈으로 나 자신을 바라보면, 우리는 이기적인 자기애에 탐닉하지 않으면서도 건강한 자기 존중과 자기 사랑에 이를 수 있습니다. 이처럼 새롭게 탄생한 자아를 가진 대학인에게 대학 시절은 박진감과 반전과 서스펜스가 적절하게 배치된 훈련의 장이 될 수 있습니다.

청년의 때에 필요한 "기본" 훈련

저의 회심 경험은 베드로의 회심과 마태의 회심이 적절하게 겹쳐진 것이었습니다. 결국 베드로와 마태 안에서 제 자신의 모습을 발견했습니다. 1979-1980년 2년 동안 저는, 베드로의 공허감과 마태의 자아분열증 아래 신음하고 있었습니다. 당시에 저는 성경을 읽는 수준이 아니라 성경 속의 등장인물이 되어 갈릴리 바다의 밤 한기를 느끼고 있었습니다. 군부 독재가 대학을 정복군의 야영지로 점령하고 엄청난 폭력으로 지성을 유린할 때, 그 갈릴리 바다의 오한은 스무 살의 제 뼈를 사무치게 타격했습니다. 가버나움의 좁은 세관 같은 대학 강의실은 핏기도 없고 열정도 없었습니다. 어린 이십대의 눈에는 야수적인 폭력의 시위에 아무 저항도 못하는 교수들이 처량해 보였습니다. 마치 바깥 세상에는 아무 일이 없다는 듯, 오로지 강의실 안에만 머무는 너무나 객관적인(?) 강의들은 저를 더욱 참담하고 우울하게 만들었습니다. 지성의 힘만으로는 역사의 반역과 악행에 맞설 수 없다는 것을 깨달은 것입니다. 결국 저는 아무데도 속하지 않았음을 알았습니다. 지식인도 아니었고 그렇다고 신앙인도 아닌 채, 거대한 빙산과 충돌한 배와 같았습니다. 부서진 파편과 같은 존재였습니다.

바로 그때 예수님은 갈릴리 밤바다를 방황하던 저를 찾아오셨고, 지성과 지성인에 대한 지독한 의심에 사로잡힌 제게 성경의 깊은 바다에 지성의 그물을 던져 보라고 권유하셨습니다. 그것은 권유였으나 제게는 불가항력적인 명령이었습니다. 좁은 세관을 나와 세상을 다시 보라고 다그치셨습니다. 7개월 동안 서서히 그분의 논리와 관점에 마음을 열게 되었고, 저의 지성은 완전히 예수 그리스도의 말씀에 설복되고 포획되었습니다. 그해 가을 추수감사절 예배 때 저는, 하나님 사랑의 그물에 포획된 한 마리 물고기처럼 퍼득거리고 있었습니다. 친절하고 신실한 선배들과의 만남, 순수한 영적 지도자들과의 교유, 그리고 그들이 베푼 소박한 성경공부와 수련회와 교육 프로그램 등은 저로 하여금 의심의 파도를 넘어 소원의 항구에 귀항하도록 도와주었습니다. 그것은 하나님의 절대 주권적인 구원이요 포획이었습니다! 돌이켜 보면 1979년 5월부터 약 7개월 동안, 저는 성경공부에 초청받고도 도망치거나, 수양회에 초청받고도 교묘한 변명으로 그것을 거절했습니다. 거룩하게 육박하는 하나님의 카이로스를 피해 보려 했습니다. 그러나 결국 예수님이 던진 말씀의 그물에 붙잡히고 말았습니다. 그리고 곧장 훈련이 시작되었습니다. 1980년 군부 독재가 탱크를 앞세워 대학을 장악하고 핏빛 아우성으로 캠퍼스를 점령했을 때, 저는 마치 태풍의 눈 같은 고요를 누리며 하나님의 카이로스로 빨려 들어갔습니다. 하나님과 더불어 강도 높은 훈련의 시간으로 휩쓸려 갔습니다.

저는 대학 시절이 천지개벽과 같은 인생 변화를 체험하기에 얼마나 적합한 시간인지 체험으로 알고 있습니다. 어떻게 그렇습니까? 예수 그리스도와 함께 훈련과 연단의 시간을 거치며 지성은 그분의 진리에 설복되고 강건해집니다. 대학 시절은 예수님께 전향한 지성인 그리스도인에게 영적 성숙과 인격 수련을 이루기에 최적의 시간입니다. 기도와 말씀 훈련이 성숙을 위한 수련 과정의 핵심 프로그램입니다. 아침 일찍 일어나서 하나님의 말씀으로 조용히 하루를 여는 말씀 묵상(및 묵상한 바를 글로 쓰기), 믿음의 공동체에서 받는 공동체 훈련과 제자도 훈련, 교회와 선교단체에서 실시하는 사회봉사 훈련과 해외선교 훈련 등은, 자신의 직업은 물론이요 배우자와 소명을 한번에 발견할 수 있는 절호의 기회를 제공합니다. 대학 시절의 이런 훈련들이 저의 신앙과 품성을 단련시키는 데 크나큰 영향을 끼쳤습니다.

저의 대학 시절을 회고해 볼 때, 이 같은 기초적인 경건 훈련이 얼마나 중요한가를 실감하게 됩니다. 군사 독재정권이 대학을 접수하던 날, 저는 계엄군에게 심한 폭행을 당한 채 기숙사에서 추방당했습니다. 장기 휴교가 결정된 것입니다. 도서관은 물론 학교 안에는 들어갈 수도 없었습니다. 가히 절망적인 상황이었습니다. 저는 영어성경과 한글 관주성경을 싸들고 대학교 근처의 독서실로 들어갔습니다. 4개월 반 동안 영어성경과 한글성경을 일독하면서, 참으로 많은 시간을 말씀 읽기와 묵상과 묵상 내용을 기록하는 일에 바쳤습니다. 빨간 줄이 가득 쳐진 성경책과 많은 관주들을 찾아가면서 말씀을 한절 한절 읽어 가는 그 환희가, 밖에서 벌어지고 있는 참혹하고 절망적인 현실의 중압을 이겨낼 힘을 공급해 주었습니다. 운동권 대학인으로 돌변해 군사 독재정권과 맞설 수도 있었으나, 저는 스물 다섯의 나이에 바벨론 포로로 잡혀 간 에스겔의 절망적이고 비극적인 현실을 돌파하는 방법에 호소했습니다.

에스겔은 완전히 멸망해 버린 조국의 운명에 묶인 채 자신의 인생도 송두리째 부서지는 것을 경험한 청년이었습니다. 조국과 신앙과 자신의 꿈마저 상실한 채 이방 땅 강제노동 수용소에서 소멸될 위기에 처한 에스겔은 하늘이 열리는 경험을 합니다. 하늘 저 끝에서 엄청난 폭풍과 불꽃을 휘날리며 자신의 인생 한복판으로 돌진해 오는 하나님의 불전차를 만난 것입니다. 하나님의 불전차는 하나님의 이동식 보좌입니다. 멸망당한 유다의 왕위는 비어 있지만, 세계를 다스리시는 하나님의 보좌는 비어 있지 않음을 깨달은 것입니다. 하나님은 여전히 왕이요 주이시며, 세계 열방의 역사를 주관하신다는 사실을 깨달은 것입니다(겔 1장).

"세계는 절대적 군사력으로 무장한 바벨론 제국의 손아귀에 있지 않고 하나님의 거룩한 보좌에 의해 통제되고 있다!" 신림동의 무덥고 좁은 독서실에서 저는 하나님의 불전차 보좌의 존재를 확신하게 되었습니다. 어디에서 확신을 얻었습니까? 하나님의 말씀 안에서입니다. 쩌렁쩌렁한 음성으로 말씀하시는 하나님을 만난 것입니다. 폭풍과 화염으로 인간의 마음과 역사를 종횡무진하시는 하나님 불전차의 위엄을 경험한 것입니다.

이처럼 기독 대학인은 하나님의 말씀, 성경 안에서 세계와 역사를 재해석할 수 있는 계시적 인식 능력을 구비할 수 있습니다. 그 안에서 어떤 절망적인 상황도 돌파할 수 있는 부활신앙을 체득합니다. 앞으로 우리의 긴 인생 여정에는 하나님의 불전차 보좌 환상을 통해 돌파해야 할 에스겔적인 절망 상황이 얼마든지 일어날 것입니다. 그러므로 기독 대학인은 무릇 하나님의 말씀을 읽고 연구하고 묵상한 내용을 글로 쓰는 훈련에 집중하고 전력투구해야 합니다. 배추가 소금에 절여져 김치가 되듯이, 우리의 지성은 하나님의 말씀에 담궈져 충분히 발효되고 숙성돼야 합니다. 하나님의 계시를 수용할 수 있을 만큼 고도로 민감하게 담금질되고 조율되어야 합니다. 저는 이것이 기독 대학인의 가장 중요한 "기본"이라고 믿습니다.

말씀과 함께 대학 시절에 경험한 기도 훈련의 감미로움 또한 언급하지 않을 수 없습니다. 제게 기도는 가장 신성한 노동이자 바쁜 일과를 경영하는 지혜를 배우는 시간이었습니다. 기도는 감미로운 교제의 사귐이었고 억울함과 분한 마음을 가지고 하나님과 벌이는 씨름이었습니다. 무신론을 강요하는 현실에 부딪쳐 하나님과 씨름하고 대들던 기억이 납니다. 하지만 더 많은 경우, 기도 시간은 저의 불안의 정체를 해부하는 시간이었으며 저를 에워싼 영적 흑암 세력을 빛으로 제압하는 시간이었습니다. 사막같이 메마르고 황폐한 가슴을 적시는 눈물의 시간이었습니다. 군중적인 소란스러움 속에서 자신을 보호하며 깊은 고독과 적막 속으로 잦아지는 시간이었습니다. 하나님이 무한대로 커져 보이고 제 자신은 우주의 작은 점으로 축소되는 시간이었습니다. 그동안 오해와 무관심 속에 방치되었던 벗들과 사랑하는 사람들의 영혼을 뒤덮고 있는 녹을 씻어 내는 시간이었습니다. 미친 듯이 돌아가는 분주한 일정을 십자가에 못박고 가장 바쁜 일마저도 기도 다음으로 우선 순위를 조정하는 시간이었습니다. 홀로 있는 고독의 시간인 동시에 누군가와 함께 있는 시간이었고, 누군가와 연결되어 있다고 느끼는 시간이었습니다. 저 자신이 우주의 작은 미물에 불과하지만 동시에 우주를 가득 채우는 거대한 의미임을 깨닫는 순간이었습니다. 저의 의로운 행동, 저의 불의한 행동 하나하나가 우주적인 의미를 갖는다는 것을 기도하는 시간에 가슴 졸이며 깨달았습니다. 기도 속에서, 예수 그리스도께서 왜 그토록 두려워하던 골고다의 가파른 언덕을 가쁜 숨을 몰아쉬며 올라가셨는지, 그리고 왜 그 굴욕적인 순간을 끝까지 견뎌내셨는지 어렴풋이 깨달았습니다. 이런 기도에 대한 깨우침은 이십대의 제 영혼의 나이테 속에 갈무리된 기억의 단편들입니다. 기독 대학인들이여! 부디 기도의 세계에 눈을 뜰 수 있기를 간절히 소망합니다!

두번째로 말하고 싶은 기독 대학인의 "기본"은 공동체 훈련입니다. 공동체 훈련은 관계성을 맺는 훈련이요 인격 훈련입니다. 저는 매우 적은 숫자가 모이는 기독 동아리에 참여해 공동체 훈련을 받았습니다. 이삼십 명의 형제자매들이 모인 단체에서 전도하고 아침기도회를 열고 수양회를 꾸리면서, 저 자신의 인격적 결점들을 고스란히 보게 되었습니다. 자신의 인격적인 치우침과 결함들을 발견하는 매순간은 무척 고통스러운 경험이었습니다. 저를 지도하던 간사와 선배와 동역자들의 오래 참음과 인내와 성숙한 대응 덕분에 저는 많은 인격적 한계와 성격적 결함을 극복하고 기독교적인 품성으로 단련되어 갔습니다. 일의 효율성에 대한 집착 때문에 다른 형제자매들을 비판하고 무시하는 저의 반복적인 인격 결함이 가장 괴로운 난관이었습니다. 어느 날 한 선배가 제게 "회권 형제, 역지사지를 배우면 좋겠습니다"라는 권면을 들려주었습니다. 그것은 정곡을 찌르는 권면이었고 저의 인격적 미성숙을 일시에 드러내는 촌철살인의 권면이었습니다. 그런 권면과 충고는 친밀한 교제권이 형성되는 공동체에 소속되지 않으면 들을 수 없는 권면이었습니다. 또한 저를 지도해 주던 간사와 멘토들은 "회권 형제, 지는 것이 이기는 길입니다. 항상 져 주는 사람이 되어야 형제자매의 마음을 얻을 수 있습니다"라고 권면해 주었습니다. 지도자의 위치에서 많은 일을 감당했던 제게 그것은 너무나 소중한 인생 교본이 아닐 수 없었습니다. 공동체가 정한 목표(전도, 선교)에 대한 투신과 집착도 중요하지만, 한 사람 한 사람의 인격을 소중하게 대하고 존중하여 그 마음을 얻는 것이 더욱 중요하다는 사실을 공동체 훈련을 통해 깨달았던 것입니다.

마지막으로, 저는 대학 시절 선교단체에서 받았던 사회봉사 및 이웃 섬김의 훈련을 통해 소명을 발견했음을 말하고 싶습니다. 제가 속한 모임은 공동체 훈련을 위해 매년 명산들을 등반했습니다. 지리산과 치악산을 주로 올랐고 관악산도 자주 오른 편이었습니다. 젊은 형제자매들과 함께 산을 오르다 보면 "희생"을 몸으로 보여야 할 때가 종종 찾아옵니다. 무거운 짐을 지고 힘들어 하는 형제자매의 배낭을 대신 짊어져야 할 때가 있고, 산을 오르다 탈진한 지체를 도와주어야 할 때가 있습니다. 이때 받은 작은 공동체 훈련은 이웃 섬김의 훈련을 할 때에 위력을 발합니다. 우리 모임은 겨울이면 봉천 5동 달동네에 연탄을 사서 배달하는 훈련을 하면서, 이웃 사랑이 정말 쉽지 않은 것임을 체험으로 알게 되었습니다. 사랑은 불편을 감수하는 것이요 자신의 생명력을 소진시키는 일임을 깨달은 것입니다. 가난한 이웃에 대한 작고 보잘것없는 봉사마저도 결코 쉽지 않았습니다. 이미 많은 이들이 마음이 상할 대로 상한지라, 연탄과 쌀을 선물로 드려도 고맙다는 말한마디 할 여유마저 갖지 못한 무표정한 군상들이었습니다. 하나님이 앞서 우리를 사랑하실 때 우리 역시 하나님의 사랑에 열광적인 아멘으로 응답할 준비가 되어 있지 않은 무표정한 정물들에 불과했을 것입니다. 여름에는 농활을 통해 이웃 섬김과 나눔의 훈련을 감당했습니다. 그때는 그 같은 봉사 훈련이 대단하다고 생각하지 않았습니다. 하지만 세월이 지난 뒤 돌이켜 보면, 그 당시의 봉사와 섬김의 기억들이 인생의 중요한 순간마다 제 정신을 일깨우는 각성의 역할을 하는 것을 보면서 새삼 놀라게 됩니다.

대학 시절은 초보적이고 기본적인 품성 훈련을 받는 데 최선의 시기입니다. 비교적 시간이 많은 시절이요 현실의 이해관계에 크게얽매이지 않고 인간관계를 맺을 수 있는 순수한 시절이기 때문입니다. 그러므로 대학 시절에 기초적인 기독교적 품성 훈련을 감당하는 것은, 성경적인 의미에서 성공하고 출세할 가능성을 크게 높이는 일입니다. 성경적인 의미에서 출세나 성공은 "온누리에 복의 근원"이 되는 삶입니다. 제가 이룬 성취나 업적이 수많은 사람들을 행복하게 하고 유익하게 하는 것이 바로 복의 근원이 되는 삶입니다. 통계적으로 볼 때 어떤 사람이 복의 근원이 되겠습니까? 소명과 생업이 같은 궤적을 그리며 움직이는 경우, 기초적인 기독교 품성 훈련을 잘 감당한 사람은 장차 반드시 복의 근원이 됩니다. 한 가지 덧붙여, 자신의 배우자도 이 소명과 생업의 만남에 동역자로 참여할 수 있다면 그는 복의 근원으로 살 수밖에 없는 사람이 아니겠습니까? 세상이 감당할 수 없는 복의 근원이 될 것입니다.

그러나 제가 경험한 공동체적 섬김 훈련에 하나의 차원이 더해졌으면 좋았겠다는 아쉬움이 늘 있었습니다. 그것은 특히 복음주의적인 신앙 전통에 서 있는 대학인들에게 더욱 절실하게 드리고 싶은 권면입니다. 80년대에 "복음주의"라는 말은, 세상 한복판에서 벌어지는 악행과 폭력과 불의에 대해 중립적인 침묵을 지키는 태도를 뜻했습니다. 그래서 복음주의 선교단체들은 역사 한복판에 벌어지는 민주화 항쟁과 노동자들의 시위, 독재정권의 인권 탄압, 분단 체제의 심화를 위한 여론 조작 등에 대해 애써 무관심하거나 심지어 그런 문제에 대한 관심을 갖는 학생들을 정죄하는, 완고할 정도의 어리석음을 범했습니다. 소위 복음주의권 교계 지도자들은 피로 얼룩진 군부 독재자들을 은근히 찬양함으로써, 또 다른 반대급부를 얻는 어둠의 역사를 만들기도 했습니다.

그러나 90년대에 들어오면서, 이런 상황이 많이 개선되었습니다. 얼마나 감사한 일입니까? 복음주의권의 깨어 있는 지도자들과 선교단체와 교회가 역사의 중심 과제들(분단·민주화·세계화·빈부 격차·토지 정의·교육)을 잘 이해하고 그것들을 신앙적 실천의 영역에서 해결해 보려고 분투하고 있습니다. 최근에는 이런 역사적 중심 과제들에 대해 무관심으로 일관하고, 심지어 그런 일에 관여하는 신앙인을 곱게 보지 않던 일부 교계 지도자들도 자신들의 허물을 투명하게 뉘우치기도 했습니다.

저는 복음주의 청년들이 우리 역사의 중심 과제에 눈을 떠서 이 문제를 갖고 씨름하는, 보다 진취적인 신앙 훈련을 더 많이 받았으면 하는 소원이 있습니다. 복음주의적 신앙은 기독교 신앙 실천의 영역을 축소시키는 배타적이고 게토화된 신앙이 아니라, 오히려 십자가의 절대적인 자기 희생의 도를 모든 영역에서 실천하고 육화시키는 하나님 나라 운동의 신실한 전위 신앙입니다. "복음주의적"이라는 말이, 교회 안에서 길들여져서 정작 역사의 현장에서 무기력한 도피주의를 의미하는 말이 되어서는 안됩니다. 공동체적 섬김 훈련은 역사의 중심 과제를 복음 신앙으로 해소하려는 참여 신앙으로 승화되어야 할 것입니다. '지금은 일단 학점을 잘 따고, 고시에 합격하고, 교수가 되고 나서, 그리고 나중에 역사의 중심 과제를 섬길 수 있는 기회가 오겠지' 라고 자신을 정당화하면서, 이십대 청년 시절에 받아야 할 사회적 섬김 훈련을 놓치지 않기를 간절히 소원합니다. 이십대에 날카롭게 벼려진 양심만이 사오십대가 되어도 그 서슬 퍼런 향기를 유지할 수 있습니다. 이십대에 역사의 중심 과제에 눈을 뜬 젊은이, 그리고 그 중심 과제를 신앙으로 해결해 보려고 분투해 본 하나님의 사람만이 역사를 새롭게 하는 하나님의 동역자로 발돋움할 수 있습니다. 하나님은 장차 쓰실 사람을 이십대에 고르고 계심을 기억해야 합니다.

이십대는 사오십대의 부귀영화를 위해 희생되어야 할 수단이 아니라, 그 자체가 목적입니다. 하나님은 이십대에 꾼 꿈을 간직한 채 성장하고 성숙하는 삼십대의 궤적에 주목하십니다. 하나님의 눈은 이 세상을 두루 살피십니다. 하나님을 전심으로 찾는 자를 주목하고 골라내어 들어 쓰시기 위해 찾으십니다. 하나님의 눈빛에서 쏟아지는 광채는, 어둠 속을 방황하는 이십대 가운데서도 남은 일생을 당신과 함께 일할 일꾼을 찾으려 하십니다. 야웨의 영으로 가득 찬 젊은이를 적재적소에 사용하시기 위해 찾으시는 것입니다.

기독청년 형제자매 여러분! 직업을 찾기 위해 경쟁주의적인 분위기에 편승하거나 신자유주의의 제단에 자신의 몸을 번제로 바치지 말아야 합니다. 역사의 주관자이신 하나님, 인생의 흥망성쇠를 주장하시는 하나님을 믿고 하나님께 이력서를 들이미는 소명의 사람이 되기를 간절히 바랄 뿐입니다. 소명 없이는 참된 의미의 직업도 없습니다. 소명의 결과로 주어지는 선물이 직업이요 배우자입니다. 사랑하는 여러분! 이십대에 하나님의 눈에 목격되고 주목된 자가 되어야 합니다. 하나님은 우주의 대주재(CEO)이십니다!

반석 위에 집을 지은 사람

물론 기독 대학인이라고 해서 앞에서 묘사한 것과 같이 대학을 둘러싸고 있는 두터운 안개구름과 침울한 현실의 압박에서 면제되는 것은 아닙니다. 대부분의 기독 대학인들도 생업과 배우자와 소명이 확정되지 못한 채, 쇄도하는 대학생활의 요구들을 감당하느라 분투해야 합니다. 여러분도 대학 시절의 불확실성을 피할 수 없다는 것입니다. 그러나 앞에서 말한 세 가지 "기본" 훈련(말씀과 기도의 경건 훈련, 공동체 훈련, 이웃 섬김과 나눔 훈련)을 잘 마친다면 여러분의 미래는 밝게 빛날 수밖에 없습니다.

암울한 현실 때문에 근원적인 것을 포기하는 사람들의 도덕적 파산 이야기가 도처에서 들려오는 이때에, 기독 대학인은 청년 시절이 얼마나 중요한지를 경각해야 합니다. 이삼십대 청년의 때에 기독 대학인은 인생 전체를 하나님 말씀의 반석 위에 정초해야 합니다. 하나님의 말씀을 공부하고 실천하는 데 정열을 바치지 않는 젊은이에게 남겨진 대안은 파멸과 찰나적인 헛된 것뿐입니다. 하나님을 믿고 그의 나라와 그의 의를 구하는 일에 투신하지 않은 젊은이들에게 남은 선택은 돈과 권력과 쾌락 추구입니다. 돈과 권력과 쾌락의 신들은 젊은이들에게 절할 것을 강요합니다. 순전한 마음을 바쳐 자신들을 경배하라고 윽박지르고 회유합니다. 바로 이때 우리는, 우리 앞서 쓰라린 패배와 상처로 얼룩진 반생(半生)의 주인공인 사도 마태의 고백을 경청할 필요가 있을 것입니다. 그는 일찍이 자신의 젊음을 하나님과 돈을 동시에 섬길 수 있다는 맘몬주의 신화에 투신했다가 파산당한 사람이었습니다. 그가 파산당한 지점에 예수님이 서 계셨기에 구원을 받았지만, 한마디로 그는 잘못 정초된 인생의 파괴적 대가가 어떠한지를 제대로 경험한 사람이었습니다. 돈의 신을 추구했던 사도 마태의 자전적인 고백을 들어 봅시다.

> 눈은 몸의 등불이니 그러므로 네 눈이 성하면 온몸이 밝을 것이요 눈이 나쁘면 온몸이 어두울 것이니 그러므로 네게 있는 빛이 어두우면 그 어두움이 얼마나 하겠느뇨. 한 사람이 두 주인을 섬기지 못할 것이니 혹 이를 미워하며 저를 사랑하거나 혹 이를 중히 여기며 저를 경히 여김이라. 너희가 하나님과 재물을 겸하여 섬기지 못하느니라(마 6:22-24).

여기서 주목할 단어는 "눈"입니다. 이 눈은 바로 "관점"을 말하는 것입니다. 이것을 잘 음미해 보면, 마태가 어째서 한때 세리 일을 할 수 있었는지 추론해 볼 수 있습니다. 여기에는 자신의 관점이 잘못되었기 때문이라는 반성이 들어 있습니다. 자신은 원래 돈만 추구하려던 사람이 아니라 하나님과 돈을 동시에 섬기려고 했다가 세리가 되었다는 것입니다. 세리는 윤리와 도덕, 사랑과 양심의 요구 등 모든 고상하고 고귀한 것들을 포기하고 돈과 권력과 쾌락을 추구하기로 결단한 사람을 가리킵니다. 요즘 신문지상에 오르내리는 많은 사람들은, 세리적인 삶을 살기로 결단하고 성공했으나 그 성공의 절정에서 파산당하고 추락하고 있는 셈입니다.

이런 의미에서 대학 시절은 "눈"의 건강을 위해 공부와 훈련에 집중하기에 최적의 시간입니다. 건강한 "관점"을 획득하기 위해 훈련을 받고 그 관점으로 현실을 분석하고 그 관점대로 살아 보는 연습을 하기에 더없이 좋은 시간입니다. 특히 말씀과 기도의 경건 훈련, 공동체 훈련, 이웃 섬김과 나눔 훈련이 눈의 건강을 위해 가장 좋은 훈련인 것입니다. 다시 말하건대, 관점은 인생 곧 몸 전체의 등불이며 기초입니다. 여기서 하나님을 믿는 기독교 신앙이 눈 건강을 위한 유일무이한 길인 것은 두말할 필요도 없습니다. 기독 대학인들은 대학 시절에 막연히 지식의 양을 늘리는 공부나 생업 세계를 개척할 지식을 획득하는 데 전력투구하기보다는, 자신의 몸 곧 인생 전체를 향도하고 이끌어 줄 관점 획득에 전력투구해야 합니다. 생업과 배우자와 소명은 건강한 관점을 획득한 후에 내려져야 할 결정 영역인 것입니다. 성경 공부, 경건 훈련, 공동체 훈련, 이웃 섬김 훈련과 나눔 훈련은 "목숨"을 살리는 공부요 "몸"을 살리는 공부입니다. 단지 취직하기 위한 공부는 물리적 음식을 위한 공부요 옷과 마실 것을 위한 공부에 불과합니다(마 6:25).

그러므로 기독청년 여러분! 우리 주 예수 그리스도의 통찰력 넘치는 말씀에 시종일관 주목합시다.

> 그러므로 누구든지 나의 이 말을 듣고 행하는 자는 그 집을 반석 위에 지은 지혜로운 사람 같으리니 비가 내리고 창수가 나고 바람이 불어 그 집에 부딪히되 무너지지 아니하나니 이는 주초를 반석 위에 놓은 연고요 나의 이 말을 듣고 행치 아니하는 자는 그 집을 모래 위에 지은 어리석은 사람 같으리니 비가 내리고 창수가 나고 바람이 불어 그 집에 부딪히매 무너져 그 무너짐이 심하니라(마 7:24-27).

모래 위에 집을 지은 사람은 경건 훈련, 공동체 훈련, 이웃 섬김과 나눔 훈련 없이 세속적 출세를 위해 질주한 사람을 가리킵니다. 그들은 이른 시기에 고시에 합격하고 좋은 회사에 취직도 하고 박사 학위를 받아 교수가 되어 광채를 드러낼 수 있을지 모릅니다. 그러나 비와 창수와 바람이 오면 금세 쓰러질 집에 살고 있을 뿐입니다.

"강남"을 부러워 말고 광야를 사랑하며 그곳에 길을 내는 사람이 되어야 합니다. 어느 국내 지질학자에 의하면 강남은 강북에 비해 지반이 너무 약해 지진이나 기타 천재지변에 아주 취약한 지역으로 분류된다고 합니다. 물론 여기서 말하는 "강남"은 비유적인 표현입니다. 한 나라의 중심 고통에 동참하지 못하는 사람들은 비록 엘리트와 부자가 되어 "강남"에 산다고 해도, 결국 모래 위에 지은 집에 사는 어리석은 자들이라는 것입니다. 그러나 하나님 말씀으로 자신을 단련하고 가난과 실망과 절망과 음울한 현실을 능히 돌파하며 영적 담대함을 가지고 광야에 길을 내는 기독 대학인들의 삶은, 반석 위에 집을 지은 사람과 같습니다. 여러분의 삶이 그렇게 되기를 간절히 소원합니다.

7

변화와 희망의 하나님 나라 운동

마가복음 1:15, 2:22

마가복음 1:15

이르시되 때가 찼고 하나님의 나라가 가까이 왔으니 회개하고 복음을 믿으라 하시더라.

마가복음 2:22

새 포도주를 낡은 가죽 부대에 넣는 자가 없나니 만일 그렇게 하면 새 포도주가 부대를 터뜨려 포도주와 부대를 버리게 되리라. 오직 새 포도주는 새 부대에 넣느니라 하시니라.

가라사대 때가 찼고 하나님 나라가 가까왔으니 회개하고 복음을 믿으라 하시더라(막 1:15).

하나님 나라는 하나님의 세계를 재창조하는 것입니다. 하나님 나라는 한 사람의 인격 속에서 시작하여 발효되는 누룩과 같습니다. 하나님 나라는 발효되는 누룩과 같은 개인들이 모여 향기를 토하는 새 포도주를 담은 새 가죽부대인 교회를 통해, 이 세상을 향한 복된 공격을 시작합니다. 교회를 통해 빚어지는 새 포도주는 세계 변혁의 능력을 과시합니다. 자아 갱생, 교회 갱신, 그리고 세계 변혁은 하나님 나라가 움직이는 주요 동선(動線)입니다. 하지만 예수님 안에서 폭발적으로 성장하는 새 포도주를 담을 새 가죽부대가 없는 것이 안타깝습니다. 과연 힘차게 발효하는 복음의 새 포도주를 담을 새 가죽부대는 어디서 구할 수 있습니까? 여기서 우리는 변화와 희망의 하나님 나라 운동을 깊이 묵상해 보고자 합니다.

낡은 가죽부대와 새 포도주의 갈등

오늘날 세계는 변혁 열기에 휩싸여 있습니다. 낡은 가죽부대 속에서 발효하는 새 포도주의 변혁운동이 세계사의 주요한 흐름이 되고 있습니다. 우리 겨레의 역사도 변혁 열기에 싸여 있습니다. 낡은 가죽부대와 새 포도주의 발효력 사이의 변증법적 갈등이 현저하게 작용하고 있습니다. 분단 체제는 7천만 겨레의 가슴 속에서 발효하는 통일과 화해의 새 포도주를 견디기에는 낡아 버린 가죽부대임이 드러나고 있습니다. 국정원, 국가보안법, 기무사, 전투경찰, 대규모 전쟁 예행연습 등 냉전적 지배 체제는 이제 그 시효를 서서히 다해 가고 있습니다. 한반도의 적대적 분단 체제를 지탱하는 국제 및 국내 정치적인 틀이 점차 붕괴되기 시작합니다. 경원선, 경의선, 동해선이 연결되면 우리 겨레는 사실상 적대적 분단 체제를 종식시키고 민족 화해와 일치에 거보를 내딛게 될 것입니다.

새 포도주는 예수님이 선포하신 복음의 가치를 구체화하는 변혁 에너지입니다. 그러나 이런 새 포도주가 있음에도 불구하고, 우리나라의 제도와 법과 관습과 일상 문화는 여전히 왕성하게 발효하는 하나님 나라의 새 포도주를 담기에는 낡았습니다. 인간다운 삶을 요구하는 비정규직 노동자의 외침, 생존권을 보장하며 파업을 일으키는 농민들의 아우성, 입시와 성적의 무한 경쟁으로 내몰린 학생들의 참 교육에 대한 갈망을 담아 내기에는 우리 사회가 아직 낡은 가죽부대입니다.

하나님 나라 운동의 관점에서 보면, 세계 역사의 핵심 동력은 모든 우상과 신상을 부수는 하나님의 우상 파괴 운동입니다(단 2장). 하나님의 공평과 정의가 이 땅에 하수처럼 강물처럼 흘러넘칠 때까지 하나님 나라는 역사의 표층을 갈아엎고 쓰레질과 쟁기질을 쉼 없이 해댑니다. 하나님은 갈아엎어진 그 빈 곳에 새 흙을 채우는 객토작업을 쉬지 않으십니다. 이처럼 세계 변혁의 과정은 창조적 갈등의 과정입니다. 기득권을 가진 체제와 법, 관습과 이데올로기는 하나님 나라의 변혁 요구를 거절하고 배반합니다. 자신의 기득권을 십자가에 못박아야 할 순간에, 반대로 진리를 십자가에 못박습니다. 자신의 탐욕과 욕망과 교만을 매장시켜야 할 권력자들이 예언자의 말씀 두루마리를 불태우고 예언자의 음성을 매장합니다. 그러나 하나님 나라는 지도상에 등장하는 모든 종류의 인간 집단들에게 자기를 부인하도록 압박합니다. 하나님 나라는 민족국가, 합중국, 이념국가, 부족정치 체제, 대기업, 다국적 기업 등 모든 단위의 자율적 권력 체제에 복음적 가치를 구현하도록 압박합니다. 그 하나님 나라의 압박은 예수님의 몸된 교회를 통해 이 세계에 가해집니다. 하지만 그 교회가 부패하고 타락할 때는 이방인들과, 이방 종교를 통해서도 하나님 나라의 가치를 실현하도록 압박하시기도 합니다. 아브라함의 자손이 침묵할 때 돌들이 일어나 도래하는 하나님 나라를 환영하며 소리치듯이 말입니다.

낡은 가죽부대는 새 포도주를 담아 내지 못하고 찢어집니다. 복음의 급진적 요구, 곧 하나님 나라의 과감한 공평과 정의 요구는 세상의 모든 혈과 육의 집단들, 이기심과 자기 보존의 관성으로 완강해진 결사체들, 그리고 정신착란에 빠져 있는 개인과 집단들이 담아 내거나 소화해 내지 못하는 새 포도주입니다. 분명한 것은 새 포도주를 감당하지 못하는 낡은 가죽부대는 파열될 수밖에 없다는 것입니다.

이처럼 세계 역사는 낡은 가죽부대와 새 포도주의 모순을 중심축으로 회전하며 전진합니다. 이 과정에서 항상 새 포도주를 담을 수 있는 새 가죽부대가 만들어지기 마련입니다. 모든 인간 집단들, 자기 충족적인 이데올로기들, 정당들, 정권들 안에는 그것의 모순을 발견하고 그 모순을 발판으로 그것을 해체하려는 변혁 에너지가 숙성되는 것입니다. 새 포도주의 항구적인 발효작용은 역사 속에 현존해, 모든 피조 세계를 당신의 뜻 아래 복종시켜 가는 하나님 나라 생명력의 강력한 표징이 됩니다. 모든 집단과 기관, 그리고 인간의 결사체는 발생과 성장, 소멸 등 변화의 법칙성을 벗어날 수 없습니다. 따라서 어떤 완벽한 이념이나 체제가 화려한 위광을 업고 역사의 무대에 출현하지만, 어느새 그것은 또 하나의 변혁 대상으로 후패해 갑니다. 하나님 나라는 모든 인간적 성취물을 변화와 소멸의 시간성 안에 넣어 두었기 때문입니다. 세계사의 모든 변혁운동은 유기체적 생성-성장-모순 증가-소멸-새 가죽부대의 형성이라는 행정(行程)을 거치게 되는 것입니다. 하나님 나라는 모든 문명사적 위업과 성취물들을 낡고 부패한 가죽부대로 규정하고, 보다 새로운 미래를 창조적으로 기획해 가도록 추동(推動)합니다. 따라서 어떤 인간적 성취물도 하나님 나라의 이 역동적 갱신 앞에서 불변을 주장할 수는 없습니다. 인간 역사에서 낡은 가죽부대처럼 노쇠한 권력 구조, 지배 체제, 이념, 법, 그리고 제도와 관습을 향한 변혁 요구는 역사를 주관하고 완성시켜 가는 하나님 나라 운동의 다양한 발현들입니다. 따라서 변혁을 거부하는 기득권자들의 완강한 저항은 하나님 나라의 새 포도주를 거부하는 운동이 될 가능성이 큽니다. 물론 여기서 우리는, 진보는 모두 절대선이요 보수는 전부 절대악이라는 명제를 정당화하거나 옹호하려는 것이 아닙니다. 새 포도주만이 낡은 역사를 찢고 새 역사를 열어가는 운동력입니다.

> 새 포주주를 낡은 가죽부대에 넣는 자가 없나니 만일 그렇게 하면 새 포도주가 부대를 터뜨려 포도주와 부대를 버리게 되리라. 오직 새 포도주는 새 부대에 넣느니라 하시니라(막 2:22).

마가복음 2:22에서 말하는 새 포도주는 예수 그리스도가 선포한 하나님 나라의 운동력을 가리킵니다. 그것은 낡은 가죽부대를 터뜨리면서 역사를 진취시키는 하나님 나라의 운동력입니다. 포도주의 붉은 색깔이 드러나듯이, 하나님 나라의 새 포도주는 예수님의 뻥 뚫린 옆구리에서 흘러나오는 보혈을 가리키는 은유입니다. 예수님은 자신의 옆구리에 난 창자국을 통해 보혈을 흘려보냅니다. 하나님 사랑과 이웃 사랑을 위해 거룩한 출혈을 감수하는 운동력이 참된 교회에 흘러넘치는 새 포도주입니다. 분명한 것은, 낡은 역사를 변혁시키는 새 포도주가 하나님 사랑과 이웃 사랑의 계명에 절대 복종하기 위해 자기 몸을 십자가에 찢은 예수님의 옆구리에서 흘러나오는 붉은 피라는 사실입니다. 따라서 자기의 계층과 계급과 정치적 기득권과 이해를 희생하지 않고는 어떤 새 포도주도 방출될 수 없는 것입니다. 이처럼 자신의 거룩한 희생을 통해 창조되는 새 포도주를 뿌리는 역사 변혁운동이 바로 변화와 희망의 하나님 나라 운동입니다. 하나님 나라 운동은 죄악된 자기를 부인하는 운동이요, 자신의 계급과 계층적 이해관계를 부인하고 초극하는 희생운동입니다. 이런 의미의 하나님 나라

운동은 공평과 자비, 자유와 평등의 조화로운 제휴, 개인적 창의와 공동체적인 교양의 공존을 고양시키는 가치를 역사 속에 뿌리내리게 하는 운동입니다.

하나님 나라 운동은 창세기 1장의 천지창조에서 시작되었습니다. 하나님 나라는 아브라함부터 예수 그리스도까지 이스라엘이라는 제한적 영역에서 시범적으로 운동해 왔습니다. 모든 세계가 하나님의 보편적 다스림 아래 있으나, 이스라엘은 끝임없는 구원 경험을 통해 하나님께 순종하는 훈련을 받았다는 점에서, 하나의 범례적인 의미에서 하나님 나라 운동의 실험실이었습니다. 이스라엘에게 제한적으로 실험되어 온 하나님 나라가 나사렛 예수에게 와서 전 세계로 파급되고 확장되기 시작했습니다. 공관복음서의 하나님 나라는 도적같이(의외성) 하늘로부터 내려오지만(초월성), 또 역사적 토양 속에서(내재성) 점진적이고 유기체적 성장을 통해 완성에 도달하는(참여성) 나라입니다.

하나님 나라는 초자연적 선물인 동시에, 역사 속에서 하나님의 백성들이 점진적·귀납적으로 성취해 나가야 할 과제이기도 합니다. 구원의 잔치인 동시에 처절하고 심각한 과업인 것입니다. 결국 세계 역사의 모든 창조적인 변혁운동은 하나님께서 이 세계 역사 속에서 활동하신다는 결정적 증거입니다. 역사의 마지막까지 잔존하는 나라는 하나님 나라밖에 없습니다(계 11:15). 그런 점에서 우리가 주창하는 세계 변혁 및 사회 변혁은 하나님 나라의 역사적 역동성에 근거하고 있다고 할 수 있습니다. 하나님 나라가 주도하는 세계 변혁은 탐욕적이고 이기적인 자아에 대한 복된 공격이요, 탐욕적이고 무한 증식적이며 자기 확장적인 계급과 계층과 부족 그리고 국가 체제에 대한 복된 공격입니다.

왜 복된 공격이라고 합니까? 하나님 나라의 공격을 받으면 구원을 받고 복을 누리게 되기 때문입니다. 하나님의 거룩한 기습공격을 받아 함락되는 자아와 계급과 국가는 구원을 받습니다. 나사렛 예수가 선포한 하나님 나라는 우리의 철옹성같이 완강한 자아, 계급적 기득권, 지역적 특혜, 특권적 신분, 그리고 국가적 자부심과 오만에 대한 가장 강력한 타격입니다. 예수님 나라는 모든 단위의 이념적 진지들과 계급적 참호들에게 사랑의 공격을 가합니다. 양심과 폐부를 찌르는 말씀으로 당신의 대적자들을 무장해제시킵니다. 그분이 우리 자아와 모든 단위의 적대자들과 저항자들을 굴복시키는 방법은, 무력이 아니라 화해의 복음이자 진리의 말씀입니다. 이런 의미의 하나님 나라 운동은 실패할 수 없는 운동입니다. 인류 역사의 종점으로 치달을수록 위력을 더하고 강성해지는 나라입니다. 예수님의 하나님 나라는 인간의 자발적인 복종이 있는 곳이면 언제 어디서든 권능을 드러내는 나라이기 때문입니다. 영토의 경계, 이념과 이데올로기의 경계를 너무 쉽게 넘어 버립니다. 하나님은 당신의 백성들을 전 세계에서 창조하시고 뭉치게 하실 수 있기 때문입니다. 현재 가장 큰 나라는 미국도 아니요 중국도 아닙니다. 하나님 나라는 아날로그 지도에는 표시될 수 없지만 디지털 지도에서 그 동선이 추적 가능한 나라입니다. 하나님 나라는 고정적인 영토를 중심으로 움직이지 않고, 행동과 활동과 사건 중심으로 움직이는 비구상적(非具象的) 국가입니다.

세계 변혁의 원천, 하나님 나라

예수 그리스도의 복음 선포는 "땅" 곧 지상 역사 속에 임박한 하나님 나라였습니다. 여기서 땅은 잠정적인 반역자들과 찬탈자들이 기득권을 쥐고 세력을 떨치는 영역입니다. 정사와 권세와 보좌와 주관자들이 영적인 힘을 갖고 정신적 세계와 물질적 세상을 동시에 다스리고 있습니다. 이것들은 하나님의 보편적인 영토 안에 근거하지만 하나님의 통치 멍에를 벗어 버리는 자율 왕국들입니다. 세계는 하나님 나라 영토 안에 위치하고 있으나 하나님으로부터 자유롭다고 주장하는 이 같은 자율 왕국들의 활무대입니다. 그런 세계 속으로 하나님 나라가 들어온 것입니다(눅 3:1-4). 나사렛 예수의 인격과 삶을 통해, 하나님 나라 곧 하나님의 통치가 가시화되었습니다. 하나님 나라가 가까이 왔다는 말은 하나님 나라의 직접적인 통치권이 세계의 모든 영역 안에 작용하기 시작했다는 뜻입니다. 나사렛 예수에 의하면, 임박한 하나님 나라는 손에 닿을 정도로 가까이 왔습니다. 인간의 감각 경험 속으로 하나님 나라가 침투한 것입니다. 하나님 나라는 일차적으로 그리고 가장 강력하게 예수 자신의 인격과 사역과 말씀 속에서 경험되었습니다. 초대교회 교부 오리게네스(Origenes)의 표현처럼, 예수는 그 자신이 "몸소 하나님 나라"였습니다(『마태복음 주석』). 이것은 일차적으로 하나님 나라가 현존하는 곳은 이념과 제도 속이 아니라 인격임을 결정적으로 보여주는 것입니다. 이것은 하나님 나라 현존의 최소 단위가 인격이라는 것을 의미합니다. 자아가 하나님께 굴복되지 않은 사람은 하나님 나라에 들어올 수 없다는 뜻입니다. 예수는 인격화된 하나님 나라인 것입니다. 하나님께 100퍼센트 순도의 자발적인 복종을 드림으로써 하나님 사랑과 이웃 사랑의 계명을 온전히 준행한 나사렛 예수에게서 하나님의 다스림이 100퍼센트 실현되었다는 것입니다.

하나님의 다스림이 실현되는 곳에서는 인간의 죄로 인해 생긴 하나님과 인간 사이의 소외와 심연이 극복되었습니다. 아담의 불순종과 불신앙으로 거절된 하나님의 주권적 통치가 예수의 기도와 말씀과 사역을 통해 이 세계 속에 역사한 것입니다. 예수는 세계 변혁과 세계 재창조를 기획하고 추진하시는 하나님 나라 운동력의 준거점이 되었습니다. 인격화된 하나님 나라는, 세계 변혁에 있어 한 "인격"이 경험하는 하나님 나라의 변혁력이 얼마나 근본적이고 중요한 것인지를 잘 보여줍니다. 이런 관점에서 보면, 개인 구원과 사회 구원의 논쟁은 하나님 나라의 운동 궤적을 분변치 못한 소치임이 드러납니다. 인격은 하나님 나라를 품을 수 있을 만큼 넓고 신비합니다. 고려 시대 문익점의 면화씨가 정천익의 산청 밭에서 심겨져 온 조선 천지에 퍼져 나갔듯이, 예수는 "몸소 하나님 나라"로서 온 세계 변혁을 주도하는 하나님 나라의 준거점이 되신 것입니다. 예수의 하나님 나라가 지금 우리 겨레의 역사 속에 활동하고 있습니다. 이것은 우리의 신앙고백입니다. 우리는 이 신앙고백 안에서 신본주의적인 낙관주의자가 됩니다.

세계 변혁을 논할 때마다 우리는 사회주의 혁명이나 정치적 급진주의 혹은 메시아적 열광주의를 떠올리기 쉽습니다. 그러나 나사렛 예수의 십자가 희생의 모델에서 이탈되는 모든 정치적 변혁운동이나 혁명은, 새로운 지배계급 출현의 이상도 그 이하도 아닙니다. 그것은 혈과 육의 이전투구일 뿐입니다. 선거나 혁명을 통해 정치 권력을 잡으려는 자들은 진리의 힘을 믿기보다는 권력을 믿는 자들입니다. 그들은 권력을 잃으면 아무것도 할 수 없다고 생각하는 사람들입니다. 그러나 나사렛 예수의 하나님 나라는 진리로 다스립니다. 중앙 집권화된 권력으로 하나님 나라를 건설할 수는 없습니다. 강요된 공산주의나 사회주의 법으로는 자본가나 부르주아 계급을 선하게 만들 수 없습니다. 하나님 나라는 칭기스칸이나 나폴레옹의 제국처럼 세계를 숨죽이게 만들면서 건설되지 않습니다.

하나님 나라는 어떤 의미에서는 거의 비가시적으로 강림합니다. 아주 인격적으로 천천히 강림합니다. 하나님 나라의 시민으로 살 것인지를 스스로 심사숙고하도록 한 후에 초청하십니다. 하나님 나라에 들어올 개인의 자발적 결단을 가장 중요하게 생각합니다. 알렉산더 대왕, 칭기스칸, 나폴레옹, 히틀러, 모택동은 어떤 개인의 자유로운 결단 과정을 허락한 적이 없습니다. 그들은 한결같이 무력으로 정복한 땅에 자신들의 깃발을 꽂았습니다. 이런 제국의 창조와 소멸의 역사와 나사렛 예수의 하나님 나라를 비교해 보면, 하나님 나라가 얼마나 아름답고 강력하며 영속적인가를 알게 됩니다. 하나님 나라의 세계 변혁의 경륜은 겨자씨나 누룩처럼 거의 눈에 띄지 않게 시작합니다. 강철 같은 정당 조직이나 우렁차고 당당한 군대 행진 속에서 하나님 나라의 운동력은 작용치 않는 것입니다. 겨자씨처럼 자기 자신을 부정하고 축소시킨 자, 누룩처럼 자신을 극도로 응축시킨 자 속에 하나님 나라의 변혁력이 갈무리되어 있습니다. 그러나 일정한 때, 하나님의 때가 되면 잠복기를 지나 이내 도적같이 변혁의 열기를 뿜어냅니다.

그동안 한국 교회가 사회 구원은 도외시하고 개인 구원에만 치중

했기 때문에 사회 변혁의 에너지를 창출하지 못했다는 통념은 오류입니다. 사회 구원으로 승화되지 못한 개인 구원은 상상할 수 없습니다. 미신적이고 내세주의적이며 지극히 개인주의적인 수준의 "구원" 개념은 성경에서 족보를 찾을 수 없는 지극히 기복적인 구원 개념입니다. 예수님의 경우처럼 자신 속에 확고부동한 하나님 나라가 시작되었다면, 그런 개인 구원은 세계 변혁의 구원으로 승화될 수밖에 없습니다. 겨자씨 비유나 누룩 비유는 예수 자신과 그 공생애에 대한 자기 설명적(self-explanatory) 비유였습니다. 예수는 30년간 거의 눈에 띄지 않게 갈릴리 황무지에 뿌려진 한 알의 겨자씨였습니다. 가루 서 말에 감춰진 누룩이었습니다. 그러다가 결정적 시간("때가 차매", 갈 4:4)이 되자, 도적같이 나타나서 이스라엘을 변혁의 도가니로 몰아가신 것입니다.

오늘날 한 사람의 그리스도인, 곧 예수를 주로 영접하고 그 마음속에 하나님 나라를 소유한 자는 이미 한 사람의 개인이 아닙니다. 그는 세계사적인 개인이며, 사회 변혁의 청사진을 마음속에서 이미 선취한 개인인 것입니다. 한 사람이 예수를 영접하고 그 마음에 하나님 나라를 맛본 사건은, 세속적인 역사가의 눈에 띌 만큼 요란스런 사건이 아닐지 모릅니다. 그러나 그것은 공동체적인 사건이요 세계사적인 의미를 갖는 사건입니다. 세계 구원은 한 사람의 구원에서 시작되기 마련입니다. 한 알의 작은 겨자씨가 땅에 떨어진 사건입니다. 겨자씨가 땅에 떨어져 있을 때에는 은닉되어 있습니다. 구원받은 개인도 처음에는 땅에 뿌려진 겨자씨처럼 은닉되어 있습니다. 그러나 때가 되면 가루(공동체)를 부풀게 합니다. 무수한 새들이 깃들이는 큰 나무가 되는 것입니다. 이처럼 복음주의적인 청년 기독인은 자신이 먼저 한 사람의 작은 겨자씨가 되는 것이 중요합니다. 객관적인 사회 변혁의 프로그램을 얼마나 정치하게 소유하는가, 얼마나 거창한 변혁의 몸짓을 보이느냐가 아니라, 어떤 종류의 씨와 누룩이 되는가에 핵심적인 과제가 있습니다. 나사렛 예수는 우리 개개인 모두가 "몸소 하나님 나라"가 되기를 원하시는 것입니다.

"몸소 하나님 나라"인 예수와 더불어 하나님 나라의 운동력이 방출되자마자, 질병과 귀신의 권세가 정복되기 시작했습니다. 수많은 무리들이 예수님께 빨려 들어갔습니다. 하나님 나라의 반역자와 찬탈자들이 다스리는 세상에서, 병들고 귀신들리고 불구자와 장애인으로 살아야 했던 인생들이 예수님을 향해 홍수처럼 쏟아져 나왔습니다. 그 많은 병자와 귀신들린 자들은 정사와 권세와 어둠의 세상 주관자들이 지배하는 세상에서는 존재하지 않는 자들로 치부되었던 것입니다. 그러나 그들은 예수님 안에서 존재하는 자요, 살려 달라고 아우성치는 육성을 가진 고귀한 영혼들로 복권됩니다. 이미 자본주의적 풍요에 포만감을 누리는 사람들에게는 비정규직 노동자들과 농민들, 그리고 치명적인 화약약품을 들이키며 일하는 제3세계 노동자들이 존재하지 않는 자들로 여겨질지 모릅니다. 그러나 하나님과 하나님의 자녀들에게, 그들은 존재하는 영혼들입니다. 나사렛 예수의 하나님 나라 운동은 영혼을 살리는 운동이자 수많은 병자들을 양산하는 정치 권력, 영적·종교적 권력 체제를 위태롭게 하는 정치운동이었습니다. 중앙 집권화된 정치 권력을 장악하려는 의미의 정치운동이 아니라, 악한 정치 권력을 해체시킨다는 점에서 정치운동입니다. 기독교인의 개별적인 신앙 실천은 정치적 차원을 가질 수밖에 없다는 뜻입니다. 이런 이유 때문에 예수님의 하나님 나라 운동과 교회사에 나타난 하나님 나라 운동은 거센 저항을 받았습니다. 과연 세상에는 파괴적인 세력과 예수의 메시아 등극을 반대하는 저항 세력이 준동하고 있습니다(시 2편). 이런 저항 세력과 국경 충돌을 경험하는 과정에서 하나님 나라의 완성은 지연되는 것처럼 보입니다. 하나님 나라는 이미(already) 시작되었으나 아직(not yet) 완성되지 않았다는 이 과도기적 기간에, 바로 세계 변혁의 문제가 제기되는 것입니다. 우리 기독청년들의 "성서한국" 운동도 정확하게 이 과도기적인 분투에 참여하고 있습니다. 세계는 하나님 나라에 의해 창조적으로 해체되고 재구성되어야 합니다.

이처럼 세계 변혁은, 하나님 나라의 완성이라는 큰 계획 속에서 하나님이 친히 주도해 가시는, 재창조의 맥락에서 추진되는 하나님 나라 운동입니다. 세계사에 발생했던 여러 가지의 정신적·물질적 진보와 변형의 모든 과정들은 고립적인 사건들처럼 보이지만, 실상은 하나님 나라의 완성이라는 큰 본류 속에서 만나게 되고, 그렇게 함으로써 그 온전한 의미가 해명되는 지류인 것입니다. 하나님 나라 "완성"의 목표는 미래에 있지만, 그 미래에 완성될 하나님 나라는 예수님과 그의 종들을 통해 현재의 낡은 세계 속으로 뚫고 들어옵니다. 예수의 선포와 사역으로부터 시간의 강력한 역류가 일어나서, 미래에 맛볼 수 있는 하나님 나라의 능력과 실체들(성령의 열매, 사 11:1-5, 갈 5:22-23)이 이 세상의 흐름 속으로 진입하는 것입니다. 하나님 나라의 완성에서 맛볼 수 있는 자유가, 이 낡은 체제가 전횡하는 속박의 그물 속으로 들어와 그 그물을 찢어 버립니다. 하나님 나라에서 완성되는 사랑이 증오의 흐름 속으로 들어와 증오를 용서와 사랑의 물결로 역전시켜 버립니다. 메시아적 치유가 병자의 고난과 고통 속으로, 생명이 죽음의 세계로 진입합니다. 이처럼 완성된 하나님 나라는 세계 변혁의 원천적 주도자인 것입니다. 세계의 모든 변혁운동의 지향점은 의식하든 의식하지 못하든 간에, 하나님 나라 완성의 "경륜" 아래 정치하게 통제 혹은 장려되고 있습니다. 이 완성된 하나님 나라의 도래를 미리 맛보고 선취함으로써 교회는 비로소 하나님 나라 운동 기관차의 연결고리를 획득합니다.

여기서 다시 한번 강조하고자 합니다. 이처럼 역동적인 하나님 나라의 운동력을 객관적으로 느끼려면 성령충만을 맛보아야 한다는 사실입니다. 완성점으로 치닫는 하나님 나라와 부활의 주 예수를 체험함 없이는 하나님 나라의 항구적인 운동에 쓰임받기는커녕, 도리어 세계 완성의 도상에서 장애물이 될 뿐입니다. 헬라의 신(神) 관념은 '부동의 동자'(the unmoving mover)입니다. 자신은 움직이거나 변화하지 않고 한자리에 영존하는 것이 신의 본질을 구성한다는 것입니다. 헬라 철학에 영향을 받은 대부분의 서구신학은 신의 전지전능성과 초월성, 불변성만을 과도하게 강조했습니다. 따라서 이 신적 본질에 접근하는 교리는 불변적일 수밖에 없고, 신적 불멸성에 조응하는 교회 체제는 불멸성을 고집할 수밖에 없었습니다. 그러므로 모든 인간적 체제 가운데 특히 교회가 가장 완강하게 불변성과 항구적 안정성을 주장했습니다. 사실상 한국의 보수 교회도 성경의 하나님 나라 진리를 보수한 것이 아니라, 자크 엘룰(Jacques Ellul)이 갈파하듯이, 주류적 지배 이데올로기—일제 때는 친일 기독교, 반공독재 시대는 반공독재 옹호 기독교, 신자유주의의 무한경쟁 시대에는 신자유주의적 기독교—와 교회의 연결 고리를 강하게 붙들고 보수했습니다. 지금도 미국과 자유주의적 가치 등과 기독교회와의 연결 고리를 강하게 붙들고 보수합니다. 그 결과, 하나님 나라 복음의 역동성을 상실하게 되었습니다. 이처럼 우리 교회는 불변성과 반(反)변혁적 보수성을 주장할 위험성에 노출되어 있는 것입니다.

그러나 이 위험 속에서도 다가오는 하나님 나라에 선취(先取)적으로 참여하는 자는 변혁 세력의 핵이 됩니다. 이때 하나님 나라의 임박한 완성을 맛본 실존의 변혁적 전복 체험은 하나의 작은 "몸소 하나님 나라"로서 기능하며, 이것은 세계 변혁의 토대가 되는 것입니다. 따라서 순수한 개인 구원이란 존재하지 않습니다. 모든 그리스도인의 구원 체험은 단자(單子)적 체험이 아니라 연대적 체험이기 때문입니다.

하나님 나라의 변혁 권능과 기독교회의 응답

하나님의 새 세계가 그리스도 예수의 공생애와 인격 속에서 이미 이 세계를 뚫고 들어왔다면, 영혼과 육체를 나누고 이 세상과 저 세상을 나누고 이 땅에 임하는 하나님 나라와 죽어서 가는 하나님 나라를 나누는 이원론은 더 이상 설 자리를 잃게 됩니다. 특히 이 세상과 저 세상의 틈새에서 종교적 흥행을 전개하는 모든 미신적 기독교회의 신화는 분쇄됩니다. 마치 개인 구원이 하나님 나라의 최고 가치인 것처럼 가르치는 지극히 종교 취향의 교회는 그 위광을 잃게 됩니다. 모든 종교의 어머니로 추앙되는 이원론도 흔적 없이 사라지게 됩니다. 오직 역사 속에 이미 현존한 하나님 나라와의 관계가 개개인의 영원한 운명을 결정짓습니다.

지금 우리는 소환되고 있습니다. 결단을 요청받고 있습니다. 나사렛 예수의 삶과 인격과 사역 속에 도래하는 하나님 나라에 들어가기 위해 회개할 것인지, 아니면 죽음의 왕국에서 기득권을 지키며 안주할 것인지, 결단해야 합니다. 나의 기득권과 계급과 신분상의 이권을 잃더라도 하나님 나라의 대의에 동참할 것인지 결정해야 합니다. 그렇다면, 관성의 법칙을 파기하고 가던 길을 돌이켜야 합니다. 가던 길을 돌이키는 회개는 소란과 창조적 갈등을 야기합니다. 하나님의 새 세계가 시간을 역류해서 들어오는데, 어떻게 낡은 세계가 변혁의 몸살을 앓지 않겠습니까? 인류사를 인도하고 있는 이념인 자유·평등·사랑·해방·풍요 같은 표현들은, 예수 그리스도의 인격과 그의 "몸소 하나님 나라"에 대한 분석적 개념에 불과합니다. 자유·평등·사랑·해방·풍요 등은 하나님의 새 세계에서 타전되어 온 복음이요 예수의 인격 속에서 발효된 새 포도주입니다. 이 새 포도주들이 발효하기 시작한 그곳이 하나님 나라 운동의 중심 현장이 되는 것입니다. 하나님 나라의 다스림 아래로 접수되어 가는 과정에 심각한 가치관의 혼란과 정치 사회적·이념적 갈등이 표출되기 때문에 우리는 두눈을 부릅뜨고 깨어 있어야 합니다. 가던 길을 멈추고 180도 방향을 전환하여 하나님 나라 운동에 동참하면, 행복한 현기증이 찾아올 수 있음을 알아야 합니다.

그러나 이 하나님 나라 운동의 각론인 사회적인 변혁운동이, 정치적 급진주의나 모험적 혁명주의 혹은 메시아적 열광주의와 동일시되어서는 안됩니다. 한바탕의 사회 혁명을 통해 새 사회를 건설할 수 있다고 믿는 혁명주의 신화 역시 하나님 나라의 정식적이고 유기체적인 성장 앞에서는 변혁되어야 할 낡은 세대의 유물일 뿐입니다. 하나님 나라 운동에 추동(推動)되고 연동(連動)되는 변혁운동은, 과학적 이념과 역사의 합법칙성을 기계적으로 신봉한 부산물이 아닙니다. 오히려 하나님 나라 운동은 지극히 인격적인 활동입니다. 구체적인 새 세계로 우리를 이끌어 내시는 하나님의 사랑(agape)에 대한 매순간의 실존적 체험에서 추동되는 운동입니다. 따라서 하나님 나라 운동은, 공동체나 국가나 사회가 대의를 위해 개인을 희생시키는 전체주의적인 공동체를 지향하지 않습니다. 스스로 결단에 이르지 못한 개인을 공공선의 이름으로 극단적 희생으로 몰아가는 것은, 언뜻 하나님 나라 운동처럼 보이나 매우 조심해야 할 태도입니다. 세계 변혁의 과정에서 개인을 향해 주어지는 하나님의 전투적 사랑 "아가페"는 지극히 인격적이고 개인적으로 경험되는 사랑입니다. 하나님 나라 운동은, 적당히 공동체적이고 집단주의적인 사회주의와는 전혀 다릅니다. 개인이 무시되고 희생을 강요당하는 피해자가 된다면, 그것은 아가페의 원리가 아니라 경직된 집단주의 원리가 다스리는 인간적인 결사체일 뿐입니다. 그러므로 개인의 자유와 공동체의 공공선이 자발적으로 조정되고 차원 높은 제휴를 이루는 하나님 나라는 인간의 이념으로 세워질 수 없는 나라입니다. 하나님만이 창조하실 수 있는 나라입니다.

그리스도 예수의 사랑은 일상적인 삶의 현실과 동떨어진 종교적 감정이나 고양에 머물 수 없습니다. 그리스도 예수의 사랑은, 십자가에서 매 맞고 피 흘리며 죽으시기까지 우리를 죄와 죽음의 속박에서 구원하시려는 전투적인 사랑입니다. 십자가의 처절한 고통을 감내하며 드러난 사랑은, 분열과 적대관계, 이기심과 증오, 거짓과 잔인함으로 얼룩진 세상의 비참에 대한 하나님의 공격입니다. 이 사랑은 죄악된 삶과 문화와 교회 일탈에 대한 복된 공격입니다. 이 하나님의 사랑이 마지막 때의 세계 변혁의 견인차인 것입니다.

계급은 끊임없이 대립한다는 전제 아래, 실상은 분열과 적대의식 같은 부정적 자원을 동력으로 삼아 세계 변혁을 꾀하는 자는 사실상 세계를 완성하는 방향으로 나아가는 것이 아닙니다. 그것은 하나님 나라의 완성에 근사치적으로 접근하는 것도 아니요 오히려 인간의 원죄의 지배를 받는 반문명적 정글 상태로 퇴행하는 모습일 뿐입니다. 인간을 독특한 가치를 지닌 개인이 아니라 집단[類]의 일부로 보는 자연주의적 접근과 과학 법칙에 따른 인간 이해는, 인간성에 대한 사랑과 긍정이 아니라 퇴행인 것입니다. 따라서 공산주의적 전체주의는 하나님 나라의 운동력에 감화받아 다시 개인을 발견하고 존중해 주어야합니다. 오직 하나님의 전투적 사랑에 압도된 변혁운동에 하나님 나라운동의 연결 고리가 있습니다.

또한 자본주의 사회의 기독교에서 흔히 볼 수 있는 것처럼, 하나님 나라 운동을 정신적 또는 피안적으로 접근해서도 안됩니다. 하나님 나라 운동은, 이 세계의 자아 중심적 불변성을 고집하며 신적 경배를 요구하는 자기 숭배적·자기 확장적 체제에 대한 총체적 공격입니다. 하나님 나라의 완성이 유보되었다는 것과, 하나님 나라의 구원이 정신적 영역에서만 일어난다고 주장하는 것은 전혀 다른 이야기입니다. 하나님 나라는 분명히 정치적 차원에 열려 있습니다. 모든 단위의 인간적인 권력 행사, 다스림, 지배 행위가 있는 곳에 하나님 나라는 육박해 갑니다. 개인의 삶·친구 관계·가정·기업·학교·상거래·관료 사회·국가 체제 등 모든 영역이 하나님의 다스림 아래 귀속되어야 합니다. 여기서 오해하지 말 것은, 기독교 정당을 대표하는 후보가 대통령이 되고 장관이 되고 사장이 된다고 해서 하나님의 다스림이 그 영역에 자동적으로 관철되는 것이 아니라는 사실입니다. 우리나라 인구의 60퍼센트 이상이 교회에 다녀야 하나님 나라가 왕성해질 것이라고 믿어서도 곤란합니다. 하나님 나라 운동은 국가나 학교나 기업의 운영 원리에 획기적인 변화를 요구하는 것이지, 단순히 기독교적 가치를 밖으로 표방하는 데 머물지 않기 때문입니다.

기독교는 변혁운동이다

"기독교는 변혁운동인가?"라는 새삼스러운 질문은 한국 교회의 변혁론적 위상을 암시해 줍니다. 저의 대답은 "예"입니다. 하나님 나라의 완성 시점에서 역류해 오는 자유와 해방, 화해와 통일의 새 포도주들이 우리 겨레의 낡은 가죽부대 안에서 걷잡을 수 없이 발효하고 있습니다. 한 공동체의 내적 변혁은 그 과정에서 반드시 막대한 희생을 요구하지만, 때로 낡은 가죽부대가 자체 모순을 일으켜 스스로 파열되기도 합니다. 물론 새 포도주를 발효하는 과정에 드는 자아 부인과 계급적 기득권 부정을 통해 하나님 나라를 추구하는 일상적 희생이, 한꺼번에 막대한 희생을 치르는 것보다 더 클 수도 있습니다. 그러나 일상의 희생을 통한 새 포도주 발효작용이 훨씬 평화롭고 안정된 세계 변혁을 가져옵니다. 낡은 가죽부대 안에 있는 새 포도주가 일상적인 삶의 과정에서 발효할 때, 그 낡은 가죽부대가 터지는 것이 자연스러운 과정일 것입니다.

그렇다면 우리 교회가 사회 각계 각층의 들끓는 변혁 요구를 하나님 나라 운동으로 포섭할 수 있지 않겠습니까? 물론 우리는 이 땅에서 하나님 나라를 완성할 수 없습니다. 하지만 그 나라에 근사치적으로 접근하는 공동체를 만들 수는 있지 않겠습니까? 한국 사회는 현재 계층 갈등·지역 갈등·민족 갈등으로 붉은 포도주의 선혈들이 쏟아지는 변혁의 현장 한가운데 서 있습니다. 상위 7퍼센트가 60퍼센트 이상의 땅을 소유한 나라, 수백조의 돈이 부동산 시장에 음험하게 굴러다니는 세상입니다. 극단한 빈곤층이 확대 일로에 있는 반면, 국내외를 불문하고 엄청난 소비 행위를 일삼는 귀족 같은 부유층 또한 늘고 있습니다. 지식인·법조인·기업인·언론인·공무원·정치인·종교인 등 거의 모든 지배 계층이 하나님 나라의 도래에 반기를 들고 저항의 요새를 강화하고 있는 듯합니다. 계층주의·계급주의·지역주의의 참호 안에서 하나님 나라 운동의 광풍이 지나가기를 기다리고 있습니다.

이러한 가운데, 소위 한국의 보수적 교회들은 중립적 무풍지대에 머물며 보수적인 기득권 세력의 요새를 엄호하고 있는 형국입니다. 터질 듯한 위기감으로 더욱 격해지고 사나워지는 민심의 파도를 읽지 못하고 있습니다. 억울하고 원통한 눈물이 얼마나 더 쏟아져야 한국 교회가 철이 들겠습니까? 억울하게 흘린 눈물과 희생은 정의를 요구하는 아벨의 피입니다. 구원과 해방을 호소하는 아우성입니다. 이

핏빛 아우성에 우리 교회는 어떻게 응답해야 하겠습니까? 아벨의 부르짖음은, 아벨의 피보다 더 낫게 말하는 그리스도의 "피"가 흘러내릴 때에야 멈춰지지 않겠습니까? 그리스도의 "피"야말로 참 새 포도주입니다. 교회가 "그리스도의 몸"처럼 이 역사 가운데 현존한다면, 세계 변혁의 과정은 곧 하나님 나라의 주권이 확장되는 선교의 과정이 될 것입니다. 자신의 옆구리에 뻥 뚫린 상처를 가진 채 끊임없이 자신의 선혈을 흘려보내 주시는 그리스도의 몸처럼, 우리도 자신의 옆구리를 뚫어 거룩한 희생의 땀과 피를 이 세상에 내보내야 하지 않겠습니까?

지금까지의 논의를 돌아볼 때, 한국 교회가 우리 사회에서 가장 낡아빠진 가죽부대가 아닌가 하는 불안에 빠지게 됩니다. 겨레의 가슴에 발효되는 화해의 열기를 우리 교회가 그리스도의 평화로 수렴하는 새 가죽부대가 되지 않는다면, 사회 변혁에 대한 어떤 논의도 무의미해질 것입니다. 한국 교회가 새 가죽부대가 되지 않는 한, 참다운 세계 변혁은 불가능할 것입니다. 결국 교회의 변혁운동의 초미의 관심은 낡은 가죽부대를 찢어 버리는 것뿐 아니라, 새 가죽부대를 올올히 엮어 짜는 데에 있음을 확신하기 때문입니다.

한국 교회는 주변 세계의 이데올로기의 해안에 의지해 순풍에 돛 단 듯 항해하는 데 만족해서는 안됩니다. 하나님 나라의 완성을 위해 창조적이고 모험적인 순례를 감당해야 합니다. 만일 교회가 하나님 나라 운동과 연결되지 못한다면, 한국 교회는 주류 지배적 이데올로기들의 부속물로 전락하는 비극에 처하고 말 것입니다.